italian conversation
DeMYSTiFieD

Demystified Series

italian conversation
DeMYSTiFieD

Beth Bartolini-Salimbeni

New York   Chicago   San Francisco   Lisbon   London   Madrid   Mexico City
Milan   New Delhi   San Juan   Seoul   Singapore   Sydney   Toronto

1 2 3 4 5 6 7 8 9 10 11 12 13 14 15   QFR/QFR   1 9 8 7 6 5 4 3 2 1 0

ISBN 978-0-07-163658-2 (book and CD set)
MHID   0-07-163658-7 (book and CD set)

ISBN 978-0-07-163655-1 (book for set)
MHID   0-07-163655-2 (book for set)

Library of Congress Control Number: 2010924945

CONTENTS

ACKNOWLEDGMENTS

Thank you to all my students and colleagues, both here and in Italy, for teaching me that learning a language is not a "spectator sport." Especially helpful was the group of students that I have come to think of as Nicole Contegiacomo's group: they came to Italy with me two summers in a row to work on learning the language and to study cooking and art, and they opened my eyes to things I had come to take for granted. To the "founding mothers"—Linda, Mary, Peggy, and Katy—thank you for the encouragement and support each of you has given me over the years. A special, heartfelt thanks to Francesca Chiostri and her entire family, for sharing Italy, their homes, and their lives with me.

INTRODUCTION

Welcome to *Italian Conversation Demystified*. You have picked up this book because you want to speak Italian. You may already have read *Italian Demystified* and feel comfortable with the basic grammatical outlines of Italian. You may understand some of what is said to you and what you see in print. *Italian Conversation Demystified* will enable you to understand and to speak Italian—comfortably and competently.

Speaking a language takes practice and patience and laughter, among other things. Ideally, you would immerse yourself in the language. *Italian Conversation Demystified* takes an interactive approach that simulates immersion; by using both aural and written material, it teaches you to listen and speak. Additionally, it is helpful to listen to Italian radio or music, to watch Italian movies or television.

Italian has upward of twenty dialects, but the "national" language, or what people generally mean when they refer to Italian, is Tuscan. It is the language of the media, education, government—in short, of all facets of daily life. Italian has an undeniable musicality to it, and it is as complex as any modern language. In order to expedite your conversational skills, I have focused on the four most important verb tenses and made use of cognates wherever possible. By the time you finish *Italian Conversation Demystified* you will realize that Italian is not so foreign after all.

In bocca al lupo! Good luck!

How to Use This Book

Italian Conversation Demystified is broken into two parts: Italian at Home (chapters 1–5) and Traveling in Italy (chapters 6–10). Part One emphasizes basic conver-

sational grammatical skills and practice. Part Two applies everything from Part One in the context of travel. Each chapter contains dialogues, dialogue review and reinforcement questions, some grammar, exercises, and a brief quiz. Before the quiz in each chapter is a daily journal. This is intended to make the basic phrases—from **Come ti chiami?** (*What is your name?*) to comments about the weather—easily learned by the rather passive act of repetition on your part. Included throughout are notes about Italian culture, vocabulary, and grammar generally. I recommend approaching each chapter by listening to the dialogue first; then listening to the dialogue while reading it; then answering the dialogue review and reinforcement questions. The structures of conversation will become clear in the subsequent exercises. Feel free to listen to the dialogues more than once. They tend to build off each other, and tell a story in the process.

Each chapter ends with a ten-question chapter quiz that tests your level of proficiency on the chapter's material. You may take the quiz open-book- or closed-book-style depending on your level of comfort. You should try to achieve a score of 80 percent or better before moving on to the next chapter.

Each part ends with a twenty-five-question part test that covers the content of each respective part of the book and builds on knowledge acquired from the beginning. You should try to get 75 percent of the questions correct before moving on to the next part. The Final Exam consists of one hundred questions and covers everything you have learned so far.

The Appendices contain helpful vocabulary and word builders (ways to build many words off one stem), and especially verbs, that will make your learning both broader and more logical. You will also find a complete transcript of the material on the companion audio CDs.

Spending regular time with this book will produce the best results. Half an hour or an hour a day is ideal; it allows you to establish a learning rhythm, and to retain what you study. Always begin by reading over what you did the day before. If possible, find a study partner. This makes learning more fun, and certainly more practicable. Above all, take risks, be inventive, and have fun mastering Italian.

PART ONE

ITALIAN AT HOME

CHAPTER 1

Introduction to Italian

In this chapter you will learn:

Meeting Friends for Coffee
Instant Italian
Borrowed Words, Expressions, and Cognates
Pronunciation and Intonation
Starting the Day
The Calendar

Meeting Friends for Coffee

 TRACK 1

Listen to the following dialogue. After you hear a phrase or sentence, always press the pause button and repeat what you hear.

Il bar italiano

In Italy a bar is a place to go for coffee, snacks, and, frequently, breakfast. It does serve alcoholic beverages, but not exclusively. Each neighborhood has usually more than one bar, where friends gather to chat or to have a quick cup of coffee (standing rather than sitting at tables). You place your order with the cashier at the **cassa** (*cash desk*), pay for it, and then give the receipt to the server behind the counter.

Graziana Bicci is greeting her friend Marisa Bertoli, and they are going to the local bar for coffee.

GRAZIANA: Salve, Marisa. Come stai?   *Hi, Marisa. How are you?*

MARISA: Ciao, bella. Benone e tu?   *Hi, dear. Very well and you?*

GRAZIANA: Bene. Andiamo da Franco per un caffè?   *I'm fine. Shall we go to Franco's for coffee?*

MARISA: Sì, va bene. Ma ho un appuntamento alle 9,30 (nove e mezza).   *Yes, that's fine. But I have an appointment at 9:30.*

GRAZIANA: Be'. Possiamo prendere un caffè. Anch'io ho da fare.   *OK. We can have coffee. I also have things to do.*

MARISA: Ah, eccoci qua. Guarda. C'è Paolo. Ciao, Paolo. Come va?   *Ah. Here we are. Look. There's Paolo. Hi, Paolo. How are things?*

GRAZIANA: Ciao, Paolo. Io sono Graziana.   *Hi, Paolo. I'm Graziana.*

PAOLO: Buon giorno. Piacere, Graziana. Sto per prendere un caffè. Mi fate compagnia? Offro io.   *Good morning. I'm pleased to meet you, Graziana. I'm about to have some coffee. Will you join me? My treat.*

MARISA: Grazie. Volentieri.   *Thanks. With pleasure.*

PAOLO: Che c'è di nuovo, Marisa? E Beppe, come sta?   *What's new, Marisa? And Beppe, how's he doing?*

MARISA: Beppe sta molto bene. Lavora troppo. Niente di nuovo.   *Beppe is very well. He's working too much. Nothing new there.*

GRAZIANA: Domani andiamo alla mostra di Giovanni Fattori. Vorresti venire con noi?

Tomorrow we're going to the Giovanni Fattori exhibit. Would you like to come with us?

MARISA: Sì, vieni. È una mostra bellissima.

Oh, yes, do come. It's a gorgeous exhibit.

PAOLO: Eh, mi piacerebbe accompagnarvi. Ma non posso. Devo lavorare.

Oh, I'd love to come with you. But I can't. I have to work.

MARISA: Allora, un'altra volta.

Well then, another time.

PAOLO: Sì. Ora scappo, devo andare in ufficio. Ciao. Saluti a Beppe.

Yes, of course. Now I must run. I have to go to the office. Bye. Give my best to Beppe.

MARISA: Grazie. Ciao. Buon lavoro!

Thanks. Bye. Have a good time at work!

GRAZIANA: Arrivederci.

Bye.

Dialogue Review 1-1

As in English, there are many ways to say hello and good-bye in Italian and equally as many for asking after someone's health. Give three examples of ways to say hello or good-bye, then give two examples of ways to say "How are you?" You can review the previous dialogue if you need help; you can check your answers against the Answer Key.

1. _____
2. _____
3. _____
4. _____
5. _____

Now give responses to the following questions.

6. Come va? _____
7. Ciao! _____
8. Come stai? _____
9. Buon giorno! _____

Instant Italian

Besides standard greetings and good-byes—**ciao, buon giorno, come va, salve, arrivederci**—there are certain Italian expressions that make instant communication possible. All the verb forms that follow, given in the first, second, and third person singular, can be followed by an infinitive. Look and listen to the examples on the recording and repeat what you hear.

TRACK 2

vorrei	*I would like*	devo	*I have to*
vorresti	*you would like*	devi	*you have to*
vorrebbe	*he, she, it, you* *(formal) would like*	deve	*he, she, it, has to; you* *(formal) have to*
posso	*I am able to*	so	*I know how to*
puoi	*you are able to*	sai	*you know how to*
può	*he, she, it is able to;* *you (formal) are* *able to*	sa	*he, she, it knows how* *to; you (formal)* *know how to*
preferisco	*I prefer to*	ho voglia di	*I feel like*
preferisci	*you prefer to*	hai voglia di	*you feel like*
preferisce	*he, she, it prefers to;* *you (formal) prefer to*	ha voglia di	*he, she, it feels like* (not usually used formally)
mi piacerebbe	*I would like (enjoy)*	sto per	*I'm about to*
ti piacerebbe	*you would like*	stai per	*you are about to*
Le piacerebbe	*you (formal) would like*	sta per	*he, she, it is about to;* *you (formal) are* *about to*

In the conversation among Graziana, Marisa, and Paolo, Graziana says that she and Marisa are able (have the time) to have coffee (**Possiamo prendere un caffè**). Paolo says he is just about to have a coffee (**Sto per prendere un caffè**). Graziana invites Paolo to join them by asking if he would like to come along (**Vorresti venire con noi**). Paolo replies, using two "instant" forms: *I'd love to go with you* (**Mi piacerebbe...**), *but I have to work* (**devo lavorare**).

VOCABULARY DEMYSTIFIED

Da

Da is one of several two-letter, ubiquitous words in Italian with many, many meanings. Here it is used to mean *at* as in *at Franco's bar*. It also is used to mean *from* or *by*: **Lui viene da Siena** (*He is from Siena*), **«La Commedia» era scritta da Dante** (The Comedy *was written by Dante*); to indicate function: **un costume da bagno** (*a bathing suit*), **una macchina da cucire** (*a sewing machine*), **un bicchiere da vino** (*a wineglass*), and to indicate time passed: **da cinque anni studio l'italiano** (*I have been studying Italian for five years*).

Making your own wants, abilities, and desires known by using these "instant" forms with infinitives will carry you through the day. For example, in response to the rather general **Cosa vorresti fare?** (*What would you like to do?*), you could reply:

Vorrei mangiare.	*I would like to eat.*
Preferisco mangiare.	*I prefer to eat.*
Devo mangiare.	*I must eat.*
Ho voglia di mangiare.	*I feel like eating.*
Mi piacerebbe mangiare.	*I would like to eat.*

Here are some infinitives that you might use daily. Certainly there will be others. You can use a dictionary to find other infinitives you can use with the "instant" verbs to express your preferences.

andare al cinema	*to go to the movies*
comprare questo	*to buy this*
cambiare soldi	*to change money*
dormire	*to sleep*
fare	*to do, to make*
mangiare	*to eat*
ritornare a casa	*to return home*
trovare	*to find*
visitare	*to visit*

Fare is a common verb in Italian. See Chapter 5 for expressions with this versatile verb.

GRAMMAR DEMYSTIFIED

Familiar and Formal Forms

Verbs in Italian, as in all Romance languages, use both familiar and formal forms, depending on the person you are talking to. As a general rule of thumb, you use the familiar **tu** form with friends, relatives, children, pets, and your peers (even though you may just have met them). The formal is used with acquaintances, strangers, and people in positions of authority. For example, the butcher who has been selling you meat for twenty years would never use the familiar form with you, nor would you use it with him.

Oral Practice 1-1

 TRACK 3

Listen to the following questions. Read along as you listen. Pause after each question and repeat it. Then respond with "instant" Italian forms. To make your answer negative, simply add **no, non...** before the verb. You can read the answers in the Answer Key.

1. Cosa vorresti fare?   *What do you want to do?*
2. Preferisci andare al museo o ritornare a casa?   *Do you prefer to go to the museum or go back home?*
3. Sai parlare italiano?   *Do you know how to speak Italian?*
4. Ti piacerebbe mangiare fettucine all'Alfredo?   *Would you like to eat fettucine all'Alfredo?*
5. Puoi venire con noi?   *Can you come with us?*
6. Devi lavorare oggi?   *Do you have to work today?*
7. Stai per dormire?   *Are you about to sleep?*

Borrowed Words, Expressions, and Cognates

Italian immigrants and young Americans returning from "the grand tour," brought to the United States culinary and artistic traditions that became part of American

Gender and Articles

As with most Romance languages, Italian nouns and adjectives are either masculine or feminine, singular or plural, as their endings show. Likewise, the articles (definite and indefinite) that accompany nouns also demonstrate gender and number.

Masculine nouns usually end in **o**, although some end in **e**. Feminine nouns usually end in **a**, although they, too, can end in **e**. When a masculine word begins with **s and a consonant**, **z**, **ps**, or **gn**, the singular article is **lo**. When a masculine or feminine singular word begins with a vowel, the article is **l'**. Look at the following examples:

Masculine

Singular		Plural	
il libro	*the book*	i libri	*the books*
l'amico	*the friend*	gli amici	*the friends*
lo studente	*the student*	gli studenti	*the students*
lo zio	*the uncle*	gli zii	*the uncles*

Feminine nouns have only two singular forms of the article, and one plural. All nouns that end in **o** in the singular change to **i** in the plural. Nouns that end in **e** also change to **i** in the plural. Nouns that end in **a** change to **e** in the plural.

Feminine

Singular		Plural	
la casa	*the house*	le case	*the houses*
la madre	*the mother*	le madri	*the mothers*
l'ora	*the hour*	le ore	*the hours*

culture. The vocabulary of such traditions marked what might be called "reverse assimilation," as English speakers adopted and adapted Italian language to specific uses. Consider Monticello and the University of Virginia, Thomas Jefferson's homage to the architecture of Andrea Palladio, or the ubiquitous pizza, an adaptation of inexpensive foods combined in an often peculiarly American way.

Between the 1880s and the First World War, approximately three million Italians came to the United States in search of **pane e lavoro** (*bread and work*). They settled across the entire nation, although many stayed along the East Coast. A particularly

Giovanni Fattori

Giovanni Fattori (1825–1908) was the foremost exponent of Italian impressionism, whose painters were known as **i Macchiaioli** (*spot/blot makers*). Other Macchiaioli included Lega, Signorini, Cabianca, D'Ancona, Sernesi, and Cecioni. They came primarily from Tuscany.

strong characteristic among Italian immigrants was the desire to return to Italy, and many, after having made a life and living here, did just that.

Listen to the pronunciation of the following borrowed words, expressions, and cognates; repeat each one as you hear it. Each noun is accompanied by a definite article (the short word that means "the"). If you are unsure of a word's meaning, look it up in the dictionary.

 TRACK 4

il cinema	gli gnocchi
la regatta	la villa
il prosciutto	l'opera
il musicista	la stanza
il motto	la loggia
lo scherzo	il concerto
il poeta	piano
adagio	allegro
con brio	il ghetto
lo studio	bravo
il fiasco	le lasagne
l'editore	

Oral Practice 1-2

TRACK 5

Now listen to some of the same words and try to write them, spelling them correctly. You can check your answers against the Answer Key.

1. _____   9. _____
2. _____   10. _____
3. _____   11. _____
4. _____   12. _____
5. _____   13. _____
6. _____   14. _____
7. _____   15. _____
8. _____

Finally, list as many Italian foods as you can think of. Pronounce them "all'italiano."

Oral Practice 1-3

 TRACK 6

Many Italian names and people are also completely familiar to English speakers. Listen to the names on the CD and match them to the descriptions that follow. More than one name may apply to a description.

1. attore (*actor*) _____
2. giudice del Tribunale (*Supreme Court Justice*) _____
3. attrice (*actress*) _____
4. cantante (*singer*) _____
5. politico (*male politician*) _____
6. autore (*author*) _____
7. giocatore di baseball (*baseball player*) _____
8. esploratore (*explorer*) _____
9. uomo d'affari (*businessman, founder of a bank*) _____
10. maestra (*female educator*) _____
11. politica (*female politician*) _____
12. pugilatore (*boxer*) _____
13. tenore (*tenor*) _____
14. scienziato (*scientist*) _____

Pronunciation and Intonation

 TRACK 7

Pronunciation of any language, while important, is not the only thing to keep in mind when forming sentences. Intonation, or the flow and emphasis of sounds, gives a tonal quality to language that clarifies meaning.

A question follows an upward, then (sometimes) a barely dropped-off pattern:

Lo studente americano parla italiano?   *The American student speaks Italian?*

The response, using the same sentence, follows a descending pattern.

Lo studente americano parla italiano.   *The American student speaks Italian.*

To show surprise or another emphatic comment, one follows a kind of shift, from one "key" to the next lower.

Lo studente americano parla italiano!   *The American student speaks Italian!*

Oral Practice 1-4

 TRACK 8

The following words or names come from the vocabularies of art, music, food, and daily life (housing, for example). Listen to their pronunciation and repeat the words. If you are not familiar with all the words, look them up in a dictionary. After you have finished, you can check your answers against the Answer Key.

chiaroscuro	mansarda	concerto	terrazza
fortissimo	Rossini	loggia	fanciulla
piazza	cantina	ricotta	bagno
lasagne	medioevo	Ghirlandaio	Rinascimento
tagliatelle	pizza	impasto	Puccini
affreschi	Mirella	Verdi	affitto
zucchino	idraulico	gnocchi	casa
allegro	piano		

Now put each word into the appropriate vocabulary category.

Le belle arti (*Art*)	La lirica, musica (*Music*)	Cibo (*Food*)	La vita quotidiana (*Daily Life*)
_____	_____	_____	_____
_____	_____	_____	_____
_____	_____	_____	_____
_____	_____	_____	_____
_____	_____	_____	_____
_____	_____	_____	_____
_____	_____	_____	_____
_____	_____	_____	_____

Oral Practice 1-5

 TRACK 9

With familiar vocabulary, you can practice intonation. For example, try saying the following sentences in different ways, making them a statement, a question, or an exclamation.

Hai fame.	*You are hungry.*
Vorresti venire con noi.	*You would like to come with us.*
Sei italiano.	*You are Italian.*
Sono Americana.	*I am American.*

   Now listen to the following phrases and indicate whether they are statements, questions, or exclamations. As you listen, write down the phrase, and then follow it with the appropriate punctuation: a period, a question mark, or an exclamation point. Don't worry if your spelling isn't perfect; you can find the correct answers in the Answer Key.

1. _____
2. _____
3. _____
4. _____

5. _____

6. _____

7. _____

8. _____

EMOTION AND FEELING

You can use intonation in Italian to express a range of feelings. Some common feelings might include the following:

paura	*fear*	sorpresa	*surprise*
indifferenza	*indifference*	contentezza	*happiness*
irritazione	*irritation*	dubbio	*doubt*
tristezza	*sadness*	fermezza	*firmness*
entusiasmo	*enthusiasm*	sarcasmo	*sarcasm*

Frequently, hand gestures emphasize a particular emotion. For the neophyte, however, these are best left alone. You can take your cues from native speakers as gestures vary from one social situation to another.

Oral Practice 1-6

 TRACK 10

Listen to the CD and indicate the feelings expressed in the statements. Choices include fear (**paura**), indifference (**indifferenza**), anger (**irritazione**), sadness (**tristezza**), enthusiasm (**entusiasmo**), surprise (**sorpresa**), happiness (**contentezza**), doubt (**dubbio**), firmness (**fermezza**), sarcasm (**sarcasmo**).

1. _____   6. _____

2. _____   7. _____

3. _____   8. _____

4. _____   9. _____

5. _____   10. _____

Starting the Day

 TRACK 11

Listen to the following dialogue. After you hear a phrase or sentence, always press the pause button and repeat what you hear.

Beppe and Marisa are a young couple. They are using the familiar **tu** form of address.

BEPPE: Ciao, buon giorno, cara! Hai dormito bene?

Hi, morning, love. Did you sleep well?

MARISA: Sì, grazie. Tu?

Yes, thanks. You?

BEPPE: Sì. Vorresti un caffè?

Yes. Would you like a coffee?

MARISA: Un caffellatte, per favore.

Coffee with milk, please.

BEPPE: Io sto per preparare un toast. Ne vuoi uno?

I'm about to make a toasted ham and cheese sandwich. Would you like one?

MARISA: No, grazie. Preferirei un cornetto.

No, thanks. I'd prefer a croissant.

BEPPE: Bene. Come vuoi. C'è marmellata di arancia.

OK. As you wish. There's orange marmelade.

MARISA: Perfetto. Oggi è il 12, no? Andiamo alla mostra al Palazzo Strozzi, quella di Giovanni Fattori?

Perfect. Today's the 12th, right? We're going to the exhibit at the Palazzo Strozzi, the Giovanni Fattori?

BEPPE: Sì, sì. E difatti ho già i biglietti.

Sure. And in fact I already have the tickets.

MARISA: Bello!

Great!

Dialogue Review 1-2

Respond to the following true–false (**vero–falso**) questions about the dialogue between Beppe and Marisa.

_____ 1. Beppe preferisce un toast.

_____ 2. Marisa prende un espresso.

_____ 3. Marisa ha già i biglietti.

_____ 4. Oggi è il 10.

_____ 5. Beppe e Marisa vanno al museo per vedere una mostra.

_____ 6. Fattori è un dottore.

The Calendar

 TRACK 12

Here are vocabulary words to help you express days and months.

I GIORNI DELLA SETTIMANA (*DAYS OF THE WEEK*)

Note that the week begins with Monday (**lunedì**) and that the names of the days are not capitalized.

lunedì	*Monday*
martedì	*Tuesday*
mercoledì	*Wednesday*
giovedì	*Thursday*
venerdì	*Friday*
sabato	*Saturday*
domenica	*Sunday*

DATE (*DATES, NUMBERS*)

Dates are preceded by the masculine article **il**, unless they begin with a vowel, in which case they are preceded by **l'**. Note that to say the first of the month, you use **il primo** (*the first*). This is the only day that does not use a plain number.

uno	*one*	diciassette	*seventeen*
due	*two*	diciotto	*eighteen*
tre	*three*	diciannove	*nineteen*
quattro	*four*	venti	*twenty*
cinque	*five*	ventuno	*twenty-one*
sei	*six*	ventidue	*twenty-two*
sette	*seven*	ventitrè	*twenty-three*
otto	*eight*	ventiquattro	*twenty-four*

VOCABULARY DEMYSTIFIED

Boh, mah, and *eh*

What you hear: As with any language, Italian uses fillers and discrete, frequently all-purpose words and expressions. You will hear these in daily conversation and no doubt will find yourself using them within a short time.

Boh and **mah** both mean *I don't know*. They are colloquial and not precisely formal. Often they are accompanied by a shrug of the shoulders.

Paolo asks Graziana how many of Fattori's works she is familiar with: **Quante opere di Giovanni Fattori conosci?** Graziana replies: **Boh, una diecina** (*I don't know, about ten*). **Boh** and **mah** are essentially interchangeable, the former being used more in the north and the latter more in the south of Italy. **Eh** is technically not a word, more an expression like "um" in English. It is, however, an all-purpose sound that, through intonation, can be used either to ask a question or to answer it. Look back at the intonation section of this chapter and listen to CD tracks 7–9 for how to change word meaning through tone.

nove	*nine*	venticinque	*twenty-five*
dieci	*ten*	ventisei	*twenty-six*
undici	*eleven*	ventisette	*twenty-seven*
dodici	*twelve*	ventotto	*twenty-eight*
tredici	*thirteen*	ventinove	*twenty-nine*
quattordici	*fourteen*	trenta	*thirty*
quindici	*fifteen*	trentuno	*thirty-one*
sedici	*sixteen*		

I MESI DELL'ANNO (*MONTHS OF THE YEAR*)

As with days of the week, the months in Italian are not capitalized.

gennaio	*January*	luglio	*July*
febbraio	*February*	agosto	*August*
marzo	*March*	settembre	*September*
aprile	*April*	ottobre	*October*
maggio	*May*	novembre	*November*
giugno	*June*	dicembre	*December*

TRACK 13

Should you have trouble remembering which months have a certain number of days, you can always learn this children's rhyme. Listen to it on the CD, and repeat it.

Trenta giorni ha novembre	*Thirty days has November*
Con aprile, giugno e settembre.	*With April, June, and September.*
Di ventotto ce n'è uno.	*There's only one with 28.*
Tutti gli altri ne han trentuno.	*All the rest have 31.*

Likewise, for weather, you can learn this children's rhyme:

Rosso di mattina	*Red sky at morning*
L'acqua s'avvicina.	*Water is coming.*
Rosso di sera	*Red sky at night*
Bel tempo si spera.	*Good weather is coming.*

The English equivalent is, of course, "Red sky at morning; sailors take warning. Red sky at night; sailors' delight."

Daily Journal: Directed Writing

 TRACK 14

Each chapter will end with a daily journal exercise. Use a notebook or your computer to practice the new material you learned in the chapter. This short journal entry should be written daily, until the vocabulary and forms become natural to you. Listen to the reading of a sample passage; repeat. Then listen to the pronunciation of the days, numbers, months, and weather descriptions and repeat these.

The vocabulary for this diary exercise is limited first to days, numbers, and months; then to adjectives describing the weather; and finally to several possibilities of things to do, all in infinitive form. This is what is called "passive vocabulary." You will learn it by repeatedly using it. For this first exercise, to make a statement about the weather you can use **bel** (*good*) and **brutto** (*bad*).

Oggi è (*Today is*) _____ (*day*), il (l') (*the*)

_____ (*number*) _____ (*month*).

Fa _____ tempo (*The weather is . . .*)

Oggi vorrei (*Today I would like*) _____ .

QUIZ

Circle the letter of the word or phrase that best completes each sentence.

1. Per prendere un caffè, Marisa e Graziana vanno _____.
   - (a) dal barbiere
   - (b) al bar
   - (c) al museo

2. Paolo va _____.
   - (a) a scuola
   - (b) in chiesa
   - (c) in ufficio

3. Io (*I*) _____ andare al museo.
   - (a) puoi
   - (b) preferisce
   - (c) mi piacerebbe

4. Maria Montessori era _____.
   - (a) maestra
   - (b) tenore
   - (c) attrice

5. Marisa ha _____ alle 9,30.
   - (a) un appartamento
   - (b) un appuntamento
   - (c) un abbigliamento

TRACK 15

Now listen to the recording to hear a phrase or question. Pause to choose your answer, a, b, or c. Then listen to the correct answer and repeat. Go on to the next question and repeat the process.

6. (a) arrivederci
   (b) bene
   (c) dieci
7. (a) i biglietti
   (b) il concerto
   (c) il caffè
8. (a) sai
   (b) sabato
   (c) salve
9. (a) politico
   (b) artista
   (c) cantante
10. (a) al bar
    (b) al teatro
    (c) al museo

CHAPTER 2

Getting Acquainted

In this chapter you will learn:

Meeting Someone New

 TRACK 16

Listen to the following conversation between Graziana and Paolo. They met through their mutual friend Marisa, and they have run into each other in a bookstore. What kinds of books does Paolo like?

PAOLO: Ciao, Graziana. Sono Paolo, l'amico di Marisa.

Hi, Graziana. It's Paolo, Marisa's friend.

GRAZIANA: Ciao, Paolo. Sì, sì, ti ricordo bene. Come stai?

Hi, Paolo. Of course, I remember you well. How are you?

PAOLO: Bene, grazie. E tu?

Fine, thanks. And you?

GRAZIANA: Bene. Vieni qui spesso?

Fine. Do you come here often?

PAOLO: Sì. Purtroppo compro molti libri.

Yes. Unfortunately I buy many books.

GRAZIANA: Anch'io. Che tipo di libro ti piace?

Me, too. What kind of book do you like?

PAOLO: Tutti i libri mi piacciono. Mi piacciono i romanzi, i gialli, la storia, la biografia ed i libri di ricette.

I like all books. I like novels, mysteries, history, biography, and cookbooks.

GRAZIANA: Sai cucinare?

Do you know how to cook?

PAOLO: Mio padre ha un ristorante cosicchè è da sempre che lavoro in cucina. Ed anche in giardino.

My father has a restaurant so I've always worked in the kitchen. And also in the garden.

GRAZIANA: Bravo! Mi piacerebbe cucinare ma mia madre si occupa di quello.

Bravo! I'd like to cook but my mother takes care of that.

PAOLO: A proposito, ti posso preparare una bella cena. Che ne dici? Sabato sera va bene?

Here's a proposition, I can make you a fine dinner. What do you say to that? Would Saturday evening do?

GRAZIANA: Ok, volentieri. Perchè non mi telefoni con i particolari? Ecco il mio numero di telefono.

OK, happily. Why don't you call me with the details? Here's my phone number.

PAOLO: Benone. Non vedo l'ora. Ne parliamo domani. Ciao.

Great. I can't wait. We'll talk tomorrow. Bye.

GRAZIANA: Ciao, Paolo.

Bye, Paolo.

VOCABULARY DEMYSTIFIED

Cognates

There are various words in this conversation that you may not have heard before, but that may be recognizable since they are cognates. **Biografia** (*biography*), **storia** (*history*), for example, are things Paolo likes. What do **scienza, autobiografia, musica, arte**, and **storia dell'arte** refer to?

    Romanzi, a false cognate, refers to novels. A **libro rosa** (*pink book*) is a romance novel. And **gialli** (*yellow*) are mysteries, so called because their covers are bright yellow.

Dialogue Review 2-1

Respond to the following true–false (**vero–falso**) questions, referring back to the dialogue as needed. You can check your answers against the Answer Key.

_____ 1. Paolo compra molti libri.

_____ 2. Graziana sa cucinare.

_____ 3. Il padre di Graziana ha un ristorante.

_____ 4. Paolo prepara una bella cena per Graziana domenica sera.

_____ 5. Il padre di Paolo è uno chef.

_____ 6. Paolo telefona a Graziana domani.

Greetings and Introductions

There are rituals one follows when meeting and greeting people. The standard response to an introduction, and the simplest, is **piacere** (*a pleasure*). Friends and acquaintances shake hands both when saying hello and saying good-bye, or they may "air kiss" both cheeks. When Graziana and Paolo meet in the bookstore, they probably shake hands. Their greetings, however, are informal—**Ciao** (*Hi*), rather than the more formal **Buon giorno** (*Good day*). In addition to **piacere**, each of the following greetings is used at different times of the day and in formal or informal situations.

Buon giorno and **Buon dì** both mean *Good morning, Good day*, and can be used all day long. They are used both formally and informally and are the standard greeting used when entering a place of business.

Buona sera (*Good afternoon/evening*) is usually used after lunch and for the rest of the day.

Buona notte (*Good night*) is the last good-bye, used when you are parting until the next day. It is also the last thing you say when going to bed, a definitive good night (especially when used with children).

Ciao and **Salve** both mean *Hi*; **Ciao** can also mean *Good-bye*. These are informal, not something used with a person in a position of authority or with an older person.

Arrivederci is the informal form of *Until we see each other again*, or *Good-bye*, but it is rapidly replacing the more formal **ArrivederLa.**

Finally, there are many ways to part without saying *good-bye* precisely:

A domani.	*Until tomorrow.*
A più tardi.	*Until later.*
Ci vediamo.	*See you.* (literally, *We'll see each other.*)
A presto.	*See you soon.*

What is important to remember is that you always use greetings and good-byes, formally and informally, with everyone. It is considered rude to walk into a store and not say **Buon giorno**.

Oral Practice 2-1

 TRACK 17

Listen and repeat the following short phrases. Pay attention to the intonations as they will give a clue to meaning and situation in which they are being used.

1. Buon giorno, Signora Bertoli.	*Good morning, Mrs. Bertoli.* (formal)
2. Buon giorno, Dottore.	*Good morning, Doctor.* (formal)
3. Buona sera, Signore.	*Good afternoon / evening, ladies.* (formal)
4. Buona notte. A domani.	*Good night. See you tomorrow.* (informal)

5. Ciao!	*Bye!* (informal)
6. Buon giorno, ragazzi!	*Good morning, children!* (formal and informal)
7. Arrivederci!	*Until we meet again!* (formal and informal)
8. Salve, Piero! Come va?	*Hi, Piero! How are things?* (informal)
9. A presto!	*See you soon!* (informal)
10. Ci vediamo!	*See you!* or *We'll see each other!* (informal)

Written Practice 2-1

What would you say in each of the following situations and at the following times of day? You can check your answers against the Answer Key.

After lunch:

1. You greet your doctor. _____

2. You greet a friend. _____

3. You say good-bye to friends. _____

In the morning:

4. You greet the owner of a business. _____

5. You greet a business acquaintance. _____

6. You greet the child of a friend. _____

7. You say hello to someone's pet. _____

In the evening:

8. You say good night to children. _____

9. You say good night to a friend. _____

10. You say good night to dinner companions. _____

Talking on the Telephone

 TRACK 18

Now listen to Paolo and Graziana on the telephone. Pause after each phrase and repeat aloud. Paolo calls Graziana to confirm their dinner date for Saturday. Graziana's father, Lorenzo Bicci, answers the phone.

LORENZO: Pronto?

Hello?

PAOLO: Pronto. Buona sera. Sono Paolo Franchini. C'è Graziana, per favore?

Hello. Good afternoon. This is Paolo Franchini. Is Graziana there, please?

LORENZO: Sì, un attimo. Come si chiama?

Yes, just a moment. What is your name?

PAOLO: Mi chiamo Paolo Franchini.

My name is Paolo Franchini.

LORENZO: Bene. Gliela passo. Graziana! Telefono! È un signor Franchini.

Fine. I'll get her for you. Graziana! Telephone! It's a Mr. Franchini.

GRAZIANA: Grazie, Babbo. Pronto?

Thanks, Dad. Hello?

PAOLO: Ciao, Graziana. Sono Paolo. Disturbo?

Hi, Graziana. It's Paolo. Am I interrupting?

GRAZIANA: No, Paolo. Come stai?

No, Paolo. How are you?

PAOLO: Bene. Volevo confermare la cena per sabato sera.

Fine. I wanted to confirm dinner for Saturday night.

GRAZIANA: Sì, va bene. A che ora devo presentarmi da te?

Yes, that's fine. What time should I arrive at your home?

PAOLO: Alle 8,00 va bene? O puoi venire più presto ed aiutarmi in cucina.

At 8:00, if that suits. Or, you could arrive earlier and help me in the kitchen.

GRAZIANA: Eh… Va bene alle 8,00. Posso portare qualcosa?

Uh . . . 8:00 is fine. May I bring something?

PAOLO: No, no. Ti piace il pesce?

No. Do you like fish?

GRAZIANA: Sì, mi piace il pesce. E non sono vegetariana. E non ho allergie.

Yes, I do like fish. And I'm not a vegetarian. And I don't have allergies.

CULTURE DEMYSTIFIED

Living at Home

Many young Italians live at home until they marry. They frequently attend universities that are local. Housing is expensive (even with rent controls) and scarce, especially in the center of the city, where Paolo lives.

PAOLO: Perfetto. Allora ti do l'indirizzo. Lungarno Archibusieri, numero 8. Sai dov'è?

Perfect. So I'll give you the address. It's Lungarno Archibusieri, number 8. Do you know where it is?

GRAZIANA: Vicino alla Piazza del Pesce, cioè al Ponte Vecchio, vero?

Near the Piazza del Pesce, that is, at the Ponte Vecchio, right?

PAOLO: Sì, infatti l'edificio dà sulla Piazza del Pesce e sul Corridoio Vasariano. Ci vediamo sabato sera alle otto. Arrivederci.

Yes, in fact, it overlooks the Piazza del Pesce and the Corridoio Vasariano. See you Saturday at 8:00. Good-bye.

GRAZIANA: Ciao.

Bye.

Dialogue Review 2-2

Respond to the following questions about the telephone conversation between Paolo and Graziana. Listen to the dialogue again if you need to. You can check your answers against the Answer Key.

1. Come si chiama il padre di Graziana? _____
2. Perchè telefona Paolo? _____
3. Qual è l'indirizzo di Paolo? _____
4. Graziana è vegetariana? _____
5. Paolo abita vicino a qual ponte? _____

Written Practice 2-2

Go back through Paolo and Graziana's conversation and look for cognates. Find at least four.

1. _____   3. _____

2. _____   4. _____

Oral Practice 2-2

 TRACK 19

The greetings used on the telephone mirror those used face-to-face. Answer the ringing phone and fill in the blanks corresponding to the conversation. After you have finished writing in your answers, listen to the completed conversations on the CD.

Conversation 1:

Il telefono squilla.	*The phone rings.*
_____?	*Hello?*
Pronto. Buon giorno. C'è Giacomo?	*Hello. Is Giacomo there?*
_____.	*Yes, just a moment.*

Conversation 2:

_____?	*Hello?*
Pronto. Sono Mirella. C'è Francesco?	*Hello. This is Mirella. Is Francesco there?*
_____.	*No, he's not here.*
Grazie, buon giorno.	*Thanks. Bye.*
_____.	*Bye.*

Conversation 3:

_____?	*Hello?*
Ciao. Sono Nico.	*Hi, it's Nico.*
_____?	*Hi, Nico. How are you?*
Bene. Tu?	*Fine, and you?*
_____.	*Fine.*

Vorresti andare al cinema?	*Would you like to go to the movies?*
_____.	*I'd like to go, but I have to work.*
Eh. Forse la settimana prossima.	*Oh. Maybe next week.*
_____.	*OK.*
Ci risentiamo sabato. Va bene?	*We'll talk again Saturday. OK?*
_____.	*Yes, that's great.*
Allora, ciao ciao.	*Bye then.*
_____.	*Bye.*

Getting to Know One Another, Using *essere*

In both conversations, the verb **essere** (*to be*) is used in conjugated form. It is one of the three verbs that will allow you to communicate in Italian easily and quickly. Here is its conjugation. There is no need to use the subject pronouns unless you are being emphatic or following the word **anche** (*also*): **anch'io**, **anche lui**. **Anch'io sono italiana** (*I'm Italian, too*), for example.

Singular		**Plural**	
io sono	*I am*	**noi siamo**	*we are*
tu sei	*you* (familiar) *are*	**voi siete**	*you* (familiar and formal) *are*
lui è	*he is*	**loro sono**	*they are*
lei è	*she is*	**Loro sono**	*you* (formal) *are*
Lei è	*you* (formal) *are*		

To say **Io sono Graziana,** you will have noticed, is the same as saying **Mi chiamo Graziana**. **Sono** is also used to identify yourself on the phone: **Sono Graziana** (*This is Graziana*).

    Tu sei is the familiar *you are*, to which you will probably respond with [**io**] **sono** (*I am*).

Sei studente? No, non sono studente.	*Are you a student? No, I'm not a student.*
Sei italiano o americano? Sono italiano.	*Are you Italian or American? I'm Italian.*
Sei vegetariana? Sì, sono vegetariana.	*Are you vegetarian? Yes, I'm vegetarian.*

Subject Pronouns

In the preceding conjugation chart of **essere**, you see subject pronouns before each verb. The subject pronouns in Italian are:

Singular		Plural	
io	*I*	noi	*we*
tu	*you* (familiar)	voi	*you*
lui	*he*	loro	*they*
lei	*she*	Loro	*you* (formal)
Lei	*you* (formal)		

Voi is often used instead of **Loro** for the formal plural in direct address. For example, **Voi, signori, siete medici americani?** (*You, sirs, are American doctors?*)

È with an accent means *he is, she is, it is,* and is used for the formal *you are.* For this reason, the subject pronoun is sometimes used for clarity. **Lui è italiano ma lei è americana.** *He is Italian, but she is American.* Consider the meanings of the following sentences.

Lui è studente ma lei è maestra.	*He is a student, but she is a teacher.*
Lui è un gatto (miau!) stupendo!	*He is a terrific cat (meow!)!*
È un libro di poesia.	*It's a book of poetry.*
Lei, signore, è medico?	*You, sir, are a doctor?*
Lei, signora, è poetessa?	*You, madame, are a poet?*

The plural forms of **essere** follow the same rules, with the subject determining the conjugated form.

Siamo in Italia. Dove siete?	*We're in Italy. Where are you?*
Siete a casa? Sì, siamo a casa.	*Are you at home? Yes, we're at home.*
Sono a scuola i ragazzi?	*Are the kids at school?*
No, sono al teatro.	*No, they are at the theater.*

Oral Practice 2-3

 TRACK 20

Listen to the questions while you read along, and then respond to them, using the correct form of **essere**. When you have finished answering the questions, listen to the responses on the CD.

1. Sei studente o dottore? _____

2. Che giorno è oggi? _____

3. Lei è vegetariana? _____

4. Sei italiano o americano? _____

5. È buono il vino? _____

Written Practice 2-3

Turn to the written questions, all of which want forms of **essere**, singular or plural, and fill in the correct verb forms. You can check your answers against the Answer Key.

1. _____ voi studenti o medici? Noi _____ medici.

2. Lei _____ intelligente?

3. Lei, signore, _____ fiorentino?

4. Sì, io _____ fiorentino.

5. I bambini _____ a casa? No, _____ a scuola.

6. Loro _____ romani? Sì, _____ romani.

7. I vini siciliani _____ buoni? Sì, alcuni _____ molto buoni.

8. Signori e signore, _____ benvenuti.

9. Paolo e Graziana _____ a teatro?

10. No, loro _____ al museo.

Cioè in the Americas

The influence of Italian on Argentine Spanish is profound and abiding. When Ernesto Guevara, a young Argentine doctor, went to Cuba in the 1960s, his Spanish was laced with the Argentine filler "che." It is as common in Argentine Spanish as "like" or "you know" is in English. It is a corruption of the Italian **cioè**. His frequent use of it caused his friends to nickname him Che.

USING *È* WITH *CI* AND *CIÒ*

The one-letter word **è** (*is*) often combines with **ci** (*there*) to become **c'è** (*there is*). You have used this in phone conversations. **C'è Mirella? No, non c'è** (*Is Mirella there? No, she isn't here*). The plural form, **ci sono** (*there are*), does not contract.

   È also combines with **ciò** (*that*) to produce **cioè** (*that is*), used in an explanatory sense. Paolo asks Graziana if she knows where his house is. She replies: **Vicino alla Piazza del Pesce, cioè, al Ponte Vecchio** (*Near the Piazza del Pesce, that is, at the Ponte Vecchio*).

Written Practice 2-4

Fill in the following sentences with the correct form of **c'è** (*there is, is there?*), **ci sono** (*there are, are there?*), or **cioè** (*that is*), according to the context. You can check your answers against the Answer Key.

1. _____ una mostra di Giovanni Fattori al Palazzo Strozzi?
2. Pronto. _____ Luisa?
3. No, Luisa non _____.
4. _____ molti turisti a Firenze in giugno.
5. Mi piacerebbe andare a Roma, _____ al Vaticano.
6. La professoressa è molto intelligente, _____ è brillante.

Making Small Talk

 TRACK 21

Listen to the following questions and answers between Paolo and Graziana. Pause and repeat the phrases as you hear them.

PAOLO: Di dove sei?

Where are you from?

GRAZIANA: Sono di Firenze. Anche mia madre è di Firenze; ma il babbo è di Roma.

I'm from Florence. Also my mother is from Florence; but Dad is from Rome.

PAOLO: Mio padre e mia madre sono di Firenze.

My father and mother are from Florence.

PAOLO: Che lavoro fai?

What do you do?

GRAZIANA: Sono professoressa. Tu?

I'm a professor. You?

PAOLO: Sono medico.

I'm a doctor.

GRAZIANA: Anche Marisa è medico, è un pediatrica. Qual è la tua specializzazione?

Marisa is a doctor as well, in pediatrics. What is your specialty?

PAOLO: Sono chirurgo pediatrico. Ma mi piacerebbe fare il giornalista.

I'm a pediatric surgeon. But I'd like to be a journalist.

PAOLO: Cosa insegni?

What do you teach?

GRAZIANA: Insegno letteratura americana.

I teach American literature.

PAOLO: Dove?

Where?

GRAZIANA: All'università.

At the university.

PAOLO: Così, parli inglese.

So, you speak English.

GRAZIANA: Certo.

Of course.

PAOLO: Beppe cosa fa?

What does Beppe do?

GRAZIANA: Lui sta a casa con le bambine. Ma è un autore. Scrive biografie. È famoso.

He's at home with the kids. But he is an author. He writes biographies. He's famous.

PAOLO: Come?

What?

GRAZIANA: È famoso. Ma il nome che usa da scrittore è Guglielmo Brancusi.

He's famous. But the name he uses as a writer is Guglielmo Brancusi.

Dialogue Review 2-3

Vero o falso?

_____ 1. Paolo è professore.

_____ 2. Graziana è romana.

_____ 3. Graziana scrive biografie.

_____ 4. Marisa è medica.

_____ 5. Il padre di Paolo è di Firenze.

Written Practice 2-5

Go through the conversation again and look for cognates. There are at least ten. Can you find them? You can check your answers against the Answer Key.

_____   _____

_____   _____

_____   _____

_____   _____

_____   _____

Oral Practice 2-4

TRACK 22

Listen to the words on the CD. Pause after each word and write it first in Italian, then in English. Notice the difference in pronunciation, if not in spelling.

1. _____   _____

2. _____   _____

3. _____   _____

4. _____   _____

5. _____   _____

6. _____   _____

7. _____   _____

8. _____   _____
9. _____   _____
10. _____   _____
11. _____   _____
12. _____   _____
13. _____   _____
14. _____   _____
15. _____   _____
16. _____   _____
17. _____   _____
18. _____   _____
19. _____   _____
20. _____   _____

Asking Questions

You already know that you can change a statement into a question by simply changing your intonation: **Beppe è scrittore** (*Beppe is a writer*), **Beppe è scrittore?** (*Is Beppe a writer?*). To ask more questions, you will need some interrogatives. In the short question–answer conversations between Paolo and Graziana you heard several of these.

Cosa fai? Cosa insegni?	*What do you do? What do you teach?*
Qual è la tua specializzazione?	*What is your specialty?*
Come?	*What (did you say)?*
Di dove sei?	*Where are you from?*

Oral Practice 2-5

 TRACK 23

Listen to the following questions and then answer them. Listen to the CD to hear some sample answers.

1. Di dove sei? _____

2. Cosa fai? _____

3. Come ti chiami? _____

4. Tu sei studente (studentessa)? _____

5. Sei a casa? _____

ITALIAN INTERROGATIVES

Some of the following interrogatives seem to have the same meaning, but, as in English, there are shades of meaning that come into play.

Cosa, che cosa, and **che** all mean *what*, for example. **Qual**(e) also means *what*, but in the sense of *which*. Paolo asks Graziana: **Cosa fai**? (*What do you do?*). He could easily have said **Che cosa** or **Che** instead of **Cosa**. Graziana asks Paolo: **Qual è la tua specializzazione?** (*What is your specialty?*). She is asking *which* of many specialties he practices. (The word **che,** when not used as an interrogative, can also mean *that* or *who*: **il signore che è famoso** (the *man who is famous*), **l'arte che mi piace** (the *art that I like*).

Come also means *what*, as the following familiar phrases demonstrate.

Come?	*What did you say?*
Come ti chiami?	*What is your name?* (familiar)
Come si chiama?	*What is your name?* (formal) *What is it called?*
Com'è?	*What is something (someone) like?*

But if you want to ask after someone's health, you use **come** to form that question:

Come stai?	*How are you?*

Other useful question words include:

Dove?	*Where?*
Dov'è	*Where is?* (Note the contraction of like sounds again: **dove è** becomes **dov'è**.)
Chi?	*Who?*
Perchè?	*Why?* (This also means *because* when not used in a question.)
Quando?	*When?*
Quanto?	*How much?*

Oral Practice 2-6

 TRACK 24

Listen to the following short text. Read along. Pause and repeat each phrase. Then answer the questions about it. After you finish the questions, listen to the CD for the answers. You can also check your answers against the Answer Key.

> Paolo è medico, anche Marisa è medico. Loro sono di Firenze. Beppe lavora a casa. Graziana lavora all'università. Sono amici. Vanno a teatro sabato sera. Il teatro è in Via Verdi. C'è una rappresentazione di «La Bohème» di Giacomo Puccini.

1. Chi va a teatro? _____
2. Dov'è il teatro? _____
3. Come si chiama il medico? _____
4. Dove lavora Beppe? _____
5. Cosa c'è a teatro? _____
6. Chi è il compositore di «La Bohème»? _____
7. Quando vanno a teatro? _____
8. Di dove sono Paolo, Graziana, Marisa e Beppe? _____

Written Practice 2-6

Ask a new acquaintance the following questions, in Italian. Use the familiar **tu** form. You can check your answers against the Answer Key.

1. What is your name? _____
2. Where are you from? _____
3. Would you like to go to the movies? _____
4. What do you do? _____
5. Would you prefer to eat or to have coffee? _____
6. How are you? _____
7. Do you have to work? _____
8. Can you cook? Do you know how to cook? _____

9. Would you like to visit Rome? _____

10. Do you feel like visiting Florence? _____

11. Is Giovanni Fattori good? _____

12. Why would you like to visit Florence? _____

13. What is there? _____

14. Where is the theater? _____

15. Who is Annigoni? _____

Describing Oneself and Others

 TRACK 25

Listen to the conversation between Beppe and Marisa. They are talking first about the Giovanni Fattori exhibit they went to and then about Graziana and Paolo. Why is Marisa happy?

MARISA: Che pittore bravo, Giovanni Fattori.	*What a good painter, Giovanni Fattori.*
BEPPE: Sì, sono d'accordo. È unico.	*Yes, I agree. He is unique.*
MARISA: Di dov'è?	*Where is he from?*
BEPPE: Era di Genova, credo.	*He was from Genoa, I think.*
MARISA: Sai, preferisco l'opera di Annigoni.	*You know what, I prefer the work of Annigoni.*
BEPPE: Anche lui era bravo. Ma io preferisco Fattori.	*He too was good. But I prefer Fattori.*

CULTURE DEMYSTIFIED

Since Italy was invaded and settled by everyone from the Phoenicians to the Germanic tribes to the Normans, there is no single or predominant physical type that is Italian, despite what advertising and stereotypes may imply.

MARISA: Be', Annigoni e Fattori sono ambedue bravi. Allora, fra due settimane andiamo a teatro con Graziana e Paolo.

Well, Annigoni and Fattori are both good. So, within two weeks we're going to the theater with Graziana and Paolo.

BEPPE: Sono… eh… amici?

Are they . . . um . . . friends?

MARISA: Sì. Lui e lei sono intelligenti, simpatici e—molto importante—non sono sposati.

Yes. He and she are intelligent, nice, and—very important—they're not married.

BEPPE: Tu sei contenta. Perchè?

You're happy. Why?

MARISA: Perchè è una coppia deliziosa. E perchè sono felici insieme.

Because they're a cute couple. And because they're happy together.

BEPPE: Lui, com'è? E lei?

What's he like? And what about her?

MARISA: Lui è alto, bruno e bello. Intelligente. Come chirurgo è molto bravo, lavora molto. E Graziana è una professoressa anche molto intelligente. E brava. Lei è bionda, magra, con gli occhi verdi. Insomma, sono persone carine.

He is tall, dark, and handsome. Intelligent. As a surgeon, he's really good, very dedicated. And Graziana, a professor, is also very intelligent. And good. She's blonde thin, with green eyes. In short, they are dear people.

BEPPE: Lui è di Firenze?

Is he from Florence?

MARISA: Sì, ed anche lei.

Yes, and she is too.

Dialogue Review 2-4

Respond to the following questions. Review the dialogue if necessary. You can check your answers against the Answer Key.

1. Chi è il pittore che Marisa preferisce? _____

2. Come si chiama l'altro pittore? _____

3. Dove vanno Beppe e Marisa fra due settimane? _____

4. Con chi vanno? _____

5. Paolo è bruno o biondo? _____

6. E Graziana? Bruna o bionda? _____

True Adjectives

In Italian, as you have seen, adjectives must agree in number and gender with the word they modify. Their spelling changes accordingly. Noun adjuncts, or nouns used as adjectives, however, do not change. Thus, hazel-colored eyes take only the word **nocciola**, referring to hazelnuts. If something is lemon colored, then **limone** (a noun) stays the same, whether the word is masculine or feminine, singular or plural. **Rosa** (*rose*) means *pink*, but it never changes its ending when used as an adjective. Only true adjectives inflect. Likewise, mono-syllabic words, like **blu**, do not change endings, ever.

Using Adjectives

In the conversation, Beppe and Marisa talk about famous painters and about Paolo and Graziana. They use adjectives, and those adjectives show gender (masculine or feminine) and number (singular or plural) by their ending vowels. Most adjectives have four endings: **o** (masculine singular), **i** (masculine plural), **a** (feminine singular), and **e** (feminine plural). A few, often those denoting nationality, have only two endings: **e** (masculine and feminine singular) and **i** (masculine and feminine plural).

Paolo is described in the dialogue as being **alto, bruno, bello e intelligente** (all masculine singular adjectives), while Graziana is described as being **bionda** and **magra** (feminine singular adjectives). Each is described as **intelligente** (masculine and feminine singular). Fattori and Annigoni are described as both being **bravi** (masculine plural).

ADJECTIVES THAT DESCRIBE APPEARANCE

Here are some useful adjectives to describe people and things.

Physical appearance

alto, -a	*tall*
antico, -a	*old* (used with things)
basso, -a	*short*
bello, -a	*handsome, pretty*
giovane	*young* (used with people)
grasso, -a	*fat*

magro, -a	*thin*
piccolo, -a	*young, little* (used with people and things)
vecchio, -a	*old* (used with people)

A baby is often endearingly described as **riccio ciccio** (*chubby with curly hair*). Since hair is masculine plural, so are the descriptors; the same holds true for eyes.

I capelli (*hair*)

bianchi	*white*	lisci	*straight*
biondi	*blonde*	lunghi	*long*
bruni	*brown, brunette*	neri	*black*
castagni	*auburn*	ricci	*curly*
corti	*short*	rossi	*red*

Gli occhi (*eyes*)

blu	*blue*	neri	*black*
gialli	*yellow*	nocciola	*hazel*
grigi	*gray*	verdi	*green*

ADJECTIVES THAT DESCRIBE PERSONALITY

In Italian, it is likely that you will describe someone according to his or her character or personality, using the following words.

brutto, -a	*ugly*—above all else, one does not want to be known as having a **brutto carattere** (*bad character*)
buono, -a	*good*
cattivo, -a	*bad*
contento, -a	*happy*
felice	*happy*
intelligente	*smart, intelligent*
simpatico, -a	*nice*
sincero, -a	*honest*
spiritoso, -a	*funny*
timido, -a	*shy*

To ask about someone or something, the obvious question is **Com'è?** (*What is a person or thing like?*) For example:

| Com'è Graziana? | *What is Graziana like?* |
| È simpatica. | *She's nice.* |

Written Practice 2-7

Describe the following people or things, using at least four adjectives from the preceding vocabulary. Include both physical and character types. Be sure to coordinate number and gender with whomever or whatever you are describing. For example:

Com'è la professoressa? È brava, intelligente, vecchia e simpatica. *(The feminine singular adjectives agree with the feminine singular **professoressa**.)*

Com'è il medico? È dedicato, giovane, bravo e bello con gli occhi verdi. *(**Medico** is masculine singular; his eyes are masculine plural.)*

1. Com'è il presidente degli Stati Uniti? _____
2. Com'è Graziana? _____
3. Com'è Paolo? _____
4. Com'è il padre di Graziana? _____
5. Com'è un gatto? _____
6. Com'è la tua casa? _____

Oral Practice 2-7

 TRACK 26

Now listen to, and read along with, the following descriptions of people or things and try to identify them. Check your answers in the Answer Key.

1. Chi sono io? Sono (relativamente) giovane, nero, magro, alto, intelligente e importante. Sono americano. Abito a Washington ma sono di Chicago. Sono politico. _____

2. Chi sono io? Sono un ragazzo italiano. In principio, non ero vero o vivo, ma ero la creazione del babbo, Geppetto. Ho un naso che può essere molto lungo. Ho un gatto che si chiama Figaro e un amico che è la mia coscienza e che si chiama Grilletto. _____

3. Che cosa sono? Sono una cosa da mangiare. Sono italiana. Sono semplice e fondamentale alla cucina italiana. Mi può mangiare con il ragù. Ho molte forme e molti nomi. _____

Daily Journal: Directed Writing

This short journal entry should be written daily, until the vocabulary and forms become natural to you.

Oggi è _____ , il

   (l') _____ _____.

Fa _____ tempo.

Oggi vorrei _____.

Come sono io? (*What am I like?*) Sono (*I am*) _____ ,

   _____ , _____.

Io mi chiamo (*My name is*) _____.

QUIZ

Circle the letter of the word or phrase that best completes each sentence.

  1. Le donne _____ a casa oggi.

     (a) siete

     (b) è

     (c) sono

  2. _____, signor Galupi.

     (a) Ciao

     (b) Buon giorno

     (c) Salve

  3. _____ è il politico più famoso del mondo?

     (a) Che

     (b) Chi

     (c) Cosa

  4. Mi piacerebbe visitare la _____ professoressa.

     (a) vecchio

     (b) vecchi

     (c) vecchia

5. _____ lui? Simpatico?

   (a) Com'è

   (b) Come

   (c) Come mai

6. Dove _____ molti turisti? A Venezia? A Roma?

   (a) c'è

   (b) ci sono

   (c) siete

7. _____ tu vegetariano?

   (a) Sei

   (b) Sono

   (c) È

8. Lei ha gli occhi _____ e i capelli _____.

   (a) noccioli, blu

   (b) blu, castagno

   (c) verdi, grigi

9. Giovanni Fattori e Pietro Annigoni sono _____.

   (a) preti

   (b) pittori

   (c) politici

10. I contrari (*opposites*) delle seguenti parole sono: bello / _____, buono / _____, giovane / _____, grasso / _____, bianco / _____.

CHAPTER 3

Everyday Life

In this chapter you will learn:

Making Plans for the Day
Using avere
Running Errands
Carryout Dinner
Using piacere

Making Plans for the Day

 TRACK 27

The following conversation takes place at the breakfast table. Beppe and Marisa are planning the day's activities. What will their daughters do after school?

BEPPE: Oggi, siccome è il 31, devo andare alla banca ed anche a pagare le bollette della luce, del gas, e dell'acqua. Hai bisogno di qualcosa dal centro?

Today, since it's the 31st, I need to go to the bank and also to pay the electricity, gas, and water bills. Do you need anything from downtown?

MARISA: Sì, puoi andare alla tintoria? Ho un sacco di abiti che sono pronti.

Yes, could you go to the dry cleaner? I have a bunch of clothes that are ready.

BEPPE: La tintoria o la lavanderia?

The dry cleaner or the laundry?

MARISA: La tintoria.

The dry cleaner.

BEPPE: Senz'altro. A che ora torni stasera?

OK. What time will you be home tonight?

MARISA: Be', ho un appuntamento alle 7,00 (sette). Posso ritornare verso le 9,00 (nove).

Well, I have an appointment at 7:00. I can be home by around 9:00.

BEPPE: Allora, io posso prendere le ragazze a scuola. Hanno lezioni stasera?

So, I can pick up the girls at school. Do they have lessons tonight?

MARISA: Sì, Francesca e Paola, tutt'e due, hanno lezioni di ballo. Ricordi?

Yes, Francesca and Paola both have dance lessons. Remember?

BEPPE: Certo. Ok. Mercoledì, la danza; lunedì, la musica; sabato, il calcio. Giovedì... hanno qualcosa giovedì?

Of course. OK. Wednesday, dance; Monday, music; Saturday, soccer. Thursday . . . Do they have anything Thursday?

MARISA: No, sono libere il giovedì.

No, they're free Thursdays.

BEPPE: A che ora?

What time?

MARISA: Dalle 5,00 (cinque) alle 7,00 (sette).

From 5 to 7.

BEPPE: Devo preparare la cena?

Should I prepare dinner?

MARISA: Se vuoi. O invece posso andare alla rosticceria. Loro hanno cose buonissime. Cosa vuoi mangiare?

If you'd like. Or instead I can go to the carryout place. They have really good food. What would you like to eat?

BEPPE: Stasera... boh... non lo so. Un pollo arrosto con patate e un altro contorno? Ma perchè non vado io. Tu hai abbastanza da fare.

This evening . . . I don't know. Roast chicken and potatoes and another side? But why don't I go. You have enough to do.

MARISA: Va bene. Forse un'insalata. Ma hai tempo libero, cioè tempo per lavorare?

That's fine. Perhaps a salad. But do you have free time, or time to work?

BEPPE: Sì. Non vado in centro fino alle 11,00 (undici).

Yes, I'm not going downtown until 11:00.

Dialogue Review 3-1

Respond to the following true–false (**vero–falso**) questions about the dialogue between Beppe and Marisa. You can check your answers against the Answer Key.

_____ 1. Beppe e Marisa vanno in ufficio insieme.

_____ 2. Marisa torna a casa e prepara da mangiare.

_____ 3. Stasera la famiglia mangia in una rosticceria.

_____ 4. Beppe porterà le ragazze da scuola alle lezioni.

_____ 5. Gli abiti di Beppe sono pronti.

_____ 6. Beppe paga le bollette in centro.

CULTURE DEMYSTIFIED

Sports and Hobbies

In the dialogue, you can see that the girls are busy with activities after school. In general, sports and hobbies are not school sponsored, but include city leagues and specialized lessons (music, dance, tennis, golf, for example). Gyms are increasingly popular for individual workouts. The most common team sport is, of course, soccer (**il calcio**), although American football (**il futbol americano**) and basketball (**il pallacanestro**) are also hugely popular. Italy is famous for other professional sports—bicycling, car racing, baseball, to name a few. Who hasn't heard of cars like Alfa Romeo, Ferrari, Lamborghini, and Maserati? Or of bicycle brands like Colnago? School children take advantage of local sports clubs and even have a week off school during the winter (**la settimana bianca**) to go skiing.

VOCABULARY DEMYSTIFIED

Cognates

There are various cognates used in Beppe and Marisa's conversation: **banca** (*bank*), **musica** (*music*), **appuntamento** (*appointment*), **danza** (*dance*), **preparare** (*prepare*), **centro** (*center, downtown*). Keep an eye out for them in future conversations and exercises.

Using *avere*

Avere is one of the three most useful verbs in Italian, the others being **essere** (Chapter 2) and **fare** (Chapter 5). It conjugates as follows:

Singular		Plural	
io ho	*I have*	noi abbiamo	*we have*
tu hai	*you have*	voi avete	*you* (plural) *have*
lui (lei) ha	*he (she) has*	loro hanno	*they have*
Lei ha	*you* (singular, formal) *have*	Loro hanno	*you* (plural, formal) *have*

Originally **avere** means *to have*. In the dialogue, Beppe asks: **Hai bisogno di qualcosa?** (*Do you need [have need of] anything?*). Marisa replies: **Ho un sacco di abiti...** (*I have a bunch of clothes . . .*). She also says: **Ho un appuntamento** (*I have an appointment*). The girls **hanno lezioni** (*have lessons*). And at the carryout restaurant **hanno cose buonissime** (*they have very good things*).

Further examples, using **avere**:

Tu hai una famiglia grande o piccola?	*Do you have a large or a small family?*
Io ho due figli.	*I have two children.*
Hai un animale domestico?	*Do you have a pet?*
Io ho due gatti (miau) e un cane.	*I have two cats (meow) and a dog.*
Luigi ha un libro di poesia.	*Luigi has a book of poetry.*
Loro hanno una bella casa?	*Do they have a nice house?*
Sì, hanno una casa bellissima.	*Yes, they have a beautiful house.*

Oral Practice 3-1

 TRACK 28

Listen to the questions as you read along and then respond to them, using the correct form of **avere**. You can hear the correct answers on the CD.

1. Il presidente degli Stati Uniti, ha un cane?
2. Tu hai bisogno di mangiare?
3. Beppe ha molto da fare?
4. L'Italia ha una buona cucina?
5. Francesca e Paola hanno molte lezioni?

Written Practice 3-1

The following written questions all want forms of **avere**. Fill in the correct verb forms, according to the subject. You can check your answers against the Answer Key.

1. Oggi è il 31 e io _____ bisogno di pagare le bollette.
2. Marisa _____ molti appuntamenti.
3. Loro _____ lezioni quasi tutti i giorni.
4. Beppe _____ un po' di tempo libero oggi.
5. Noi _____ molti abiti alla tintoria.
6. Tu _____ un nuovo libro di poesia?
7. Io non _____ un gatto; _____ due cani.
8. Lei e lui _____ una casa molto bella.
9. Voi _____ compiti (*homework*)?
10. Tu _____ molto tempo libero.

VOCABULARY DEMYSTIFIED

Prefixes

Frequently, the addition of the letter **s** as a prefix turns a word into its opposite. For example, **comodo** (*comfortable*) becomes **scomodo** (*uncomfortable*); **cortese** (*courteous*) becomes **scortese** (*rude*); **fortunato** (*lucky*) becomes **sfortunato** (*unlucky*). **Graffiti** needs no explanation since we have adopted it in English; but **sgraffiti** is an art historical term that refers to incised designs on the outsides of buildings.

Likewise **stra** can change the meaning of a word, functioning as *extra* does in English. **Ordinario** (*ordinary*) becomes **straordinario** (*extraordinary*); and **cotto** (*cooked*) can become **stracotto** (*overcooked*).

Running Errands

 TRACK 29

Listen to the following passage. Read along, pausing after each sentence to repeat the Italian.

Beppe takes Francesca and Paola to school, then returns home where he spends the morning at work. About 11:00 he catches the bus to go downtown, where he will run various errands. Where is Beppe going?

> Beppe prende il bus numero 23 per andare alla banca. Ha il biglietto, comprato all'edicola. Arriva in centro alle 11,30 (undici e trenta). Va direttamente alla banca per ritirare dei soldi. Poi va alla tintoria. Ma che errore! Ha i vestiti di Marisa quando va alla posta. Molto scomodo! All'ufficio postale (la posta) paga le bollette, in contanti. Poi torna a casa.
> *Beppe takes bus number 23 to go to the bank. He has the ticket, bought at the kiosk. He arrives downtown at 11:30. He goes directly to the bank to get some cash. Then he goes to the dry cleaner. What a mistake! He has Marisa's clothes when he goes to the post office. Very uncomfortable! At the post office, he pays the utility bills, in cash. Then he goes home.*

Dialogue Review 3-2

Respond to the following questions. Read the passage again if you need to. You can check your answers against the Answer Key.

CULTURE DEMYSTIFIED

Daily Errands

Utilities in Italy are relatively expensive, and in rental properties the cost is usually included. The telephone is almost always calculated separately and is billed bimonthly. Phone numbers stay with addresses, so a rental property with a telephone may have a little box on it, a **scatola**, that measures your use of telephone time. This can be a way to keep track of phone use since the bills themselves are not itemized. These days, of course, mobile phones are an inexpensive alternative to landlines and can be found for sale even in international airports.

Laundry and dry cleaning establishments abound, and usually have rapid service (that is, a 24-hour turnaround time). The large cities also have self-service Laundromats.

Changing money requires a document of identification, usually a passport for non-Italians. The rate of exchange and the commission (charge for changing money) can vary tremendously from bank to bank, exchange to exchange. It is best to use ATMs, since these are linked to the London market, and have the best exchange rate.

1. Dove va Beppe? _____

2. Ha il biglietto per il bus? _____

3. Perchè va alla banca? _____

4. Come paga le bollette? _____

5. Cosa porta all'ufficio postale? _____

Then put the following activities in chronological order.

Torna a casa. Va alla tintoria. Va alla banca.
Prende il bus. Va all'ufficio postale.

6. _____

7. _____

8. _____

9. _____

10. _____

Oral Practice 3-2

 TRACK 30

Fill in the blanks in the following dialogue, using Beppe's conversations with various clerks and the word bank below as your guide. You can check your answers against the Answer Key.

Chicago	Arrivederci	Mi dica	Ha	passaporto
cambiare	da	c'è	Buon giorno	è

TU: Buon giorno.

COMMESSO: (1) _____.

TU: Vorrei (2) _____ dei soldi, per favore.

COMMESSO: Bene. (3) _____ un documento, un passaporto?

TU: Sì, ecco il (4) _____.

COMMESSO: Lei (5) _____ americano?

TU: Sì, sono di (6) _____.

COMMESSO: Vanno bene pezzi (7) _____ 50 Euro?

TU: Sì, credo di sì. (8) _____, c'è qua vicino un ufficio postale?

COMMESSO: Infatti. All'angolo, a sinistra, (9) _____ l'ufficio postale.

TU: Grazie, arrivederci.

COMMESSO: (10) _____.

Carryout Dinner

 TRACK 31

Listen to the conversation among Beppe, Francesca, and Paola. Do the girls have homework? Beppe picks the girls up at 7:00 from their dance lessons. They are in the car and heading for the **rosticceria.**

BEPPE: Ciao, belle!	*Hi, beautiful girls!*
FRANCESCA, PAOLA: Ciao, babbo!	*Hi, Daddy!*

FRANCESCA: Babbo, sai cosa? Ho un nuovo libro. Guarda.

Daddy, know what? I have a new book. Look.

BEPPE: Amore, non posso guidare e guardare allo stesso momento. Fammelo vedere a casa.

My love, I cannot drive and look at the same time. Show it to me at home.

PAOLA: Dove andiamo? Non è la strada di casa.

Where are we going? This isn't the way home.

BEPPE: È una sorpresa.

It's a surprise.

PAOLA: Mi piacciono le sorprese.

I like surprises.

FRANCESCA: Dov'è la mamma?

Where's Mom?

BEPPE: Ha un appuntamento. Noi andiamo in rosticceria.

She has an appointment. We're going to the carryout restaurant.

PAOLA: Non è una sorpresa.

That's not a surprise.

BEPPE: Avete compiti?

Do you have homework?

PAOLA, FRANCESCA: Sì, purtroppo.

Yes, unfortunately.

FRANCESCA: Io preferisco leggere il mio nuovo libro. Non mi piacciono i compiti.

I prefer to read my new book. I don't like homework.

BEPPE: Ma sono necessari.

But it's necessary.

FRANCESCA: Perchè?

Why?

BEPPE: Emm... perchè... perchè... Eccoci qua alla rosticceria. Cosa volete mangiare? Va bene un bel pollo arrosto con contorni di patate e spinaci?

Uh . . . because . . . because. . . . Here we are at the carryout restaurant. What would you like to eat? Are roast chicken with potatoes and spinach OK?

PAOLA: Non mi piacciono gli spinaci. Hanno fagiolini?

I don't like spinach. Do they have green beans?

BEPPE: Credo di sì.

I think so.

FRANCESCA: Possiamo ordinare un dolce? Torta della nonna?

Can we order dessert? Cake?

PAOLA: Sì, Babbo, per favore. Abbiamo bisogno di un dolce. Abbiamo molti compiti e abbiamo bisogno di energia.

Yes, Dad, please. We need dessert. We have lots of homework and we need energy.

Dialogue Review 3-3

Go back through the dialogue and look for cognates. Find at least four.

1. _____   3. _____

2. _____   4. _____

Then answer the true–false (**vero–falso**) questions. Listen to the dialogue again if you need to.

_____ 1. Francesca ha un nuovo libro.

_____ 2. Beppe ha un appuntamento.

_____ 3. Francesca e Paola hanno compiti.

_____ 4. Francesca dice: Mi piacciono le sorprese!

_____ 5. Francesca, Paola e Beppe sono strada a casa.

_____ 6. Paola non vuole mangiare gli spinaci.

CULTURE DEMYSTIFIED

Eating Out

In the preceding dialogue, Beppe and the girls go to a carryout restaurant called a **rosticceria**. This is an inexpensive way to buy a take-out (**da portar via**) complete meal. A **tavola calda** and a **self-service** (usually cafeteria style) also serve inexpensive prepared foods, but rarely offer a take-out service. In the last few years, pizza places have begun to offer home delivery. Traditional meals, however, are still to be found in a **trattoria** or a **ristorante** (the former less expensive than the latter), even in some cafés. Snacks are available in bars and pubs. Surprisingly good and very inexpensive are **mense** (*cafeterias*) for both workers and students. There are also delicatessens in both cities and small towns, where you can put together a lovely meal for varying costs. Pecks in Milan and Pegna in Florence (both near their respective duomos) are among the most famous.

Using *piacere*

Piacere is the infinitive of the verb *to like*. You may recall that as a noun, it means *it is a pleasure to meet you*. With this verb, you only use the forms **piace** (*it is pleasing*) or **piacciono** (*they are pleasing*) and the pronoun **mi**. If you like (or don't like) one thing, you say **mi piace** (or **non mi piace**); for more than one thing, **mi piacciono** (**non mi piacciono**). For example: **Mi piace il libro. Non mi piace il libro. Mi piace la casa. Non mi piace lavorare.** These are all single things that you like. For more than one thing that you like, examples are: **Mi piacciono i cani. Non mi piacciono i bambini piccoli. Mi piacciono i gatti e i cani.**

Bearing in mind that you use only **piace** and **piacciono** to express likes; the pronoun that precedes these forms tells who is doing the liking—that is, it identifies the subject. A verb follows. Note that while the pronoun may change, the verb remains either singular or plural, depending on what is liked.

[io] mi piace, mi piacciono	*I like*
[tu] ti piace, ti piacciono	*you like*
[lui] gli piace, gli piacciono	*he likes*
[lei] le piace, le piacciono	*she likes*
[Lei] Le piace, Le piacciono	*you* (formal) *like*
[noi] ci piace, ci piacciono	*we like*
[voi] vi piace, vi piacciono	*you like*
[loro] gli piace, gli piacciono	*they like*
[Loro] gli piace, gli piacciono	*you* (formal) *like*

For example:

Mi piace leggere.	*I like to read.*
Ti piace leggere?	*Do you like to read?*
Gli piace leggere.	*He likes to read.*
Le piacciono i bambini.	*She likes children.*
Le piace viaggiare, signora.	*You like to travel, ma'am.*
Ci piace leggere.	*We like to read.*
Gli piace studiare le lingue.	*They like to study languages.*

Written Practice 3-2

Tell whether you like or don't like the following. Be sure to use **piace** for one thing, **piacciono** for more than one. Examples: **I compiti? No, non mi piacciono. Il dolce? Sì, mi piace.**

1. la biografia: _____

2. lunedì: _____

3. il gelato: _____

4. le lasagne: _____

5. gli zucchini: _____

6. Puccini: _____

7. le belle arti: _____

8. la pizza: _____

9. il sarcasmo: _____

10. le sorprese: _____

Daily Journal: Directed Writing

This short journal entry should be written daily, until the vocabulary and forms become natural to you. You can review the months, days, numbers in Chapter 1.

Oggi è _____,

   il(l') _____ _____.

Fa _____ tempo.

Oggi vorrei _____.

Come sono io? Sono _____, _____,

_____.

Io mi chiamo _____.

Mi piacciono (*I like*) _____, _____,

_____.

QUIZ

Circle the letter of the word or phrase that best completes each sentence. You can check your answers against the Answer Key.

1. Perchè oggi è il 31, Beppe deve _____ .

    (a) preparare la cena

    (b) scrivere

    (c) andare in centro

2. Marisa ha un appuntamento _____ .

    (a) la mattina

    (b) il pomeriggio

    (c) la sera

3. Francesca e Paola vanno alle lezioni di _____ dopo scuola.

    (a) calcio

    (b) danza

    (c) religione

4. Noi _____ due gatti splendidi.

    (a) abbiamo

    (b) mangiamo

    (c) siamo

5. Mi _____ i libri di poesia.

    (a) piacciono

    (b) piaccio

    (c) piace

6. Posso pagare le bollette della luce e del gas _____ .

    (a) alla tintoria

    (b) alla banca

    (c) all'ufficio postale

7. Ho bisogno di _____ per cambiare soldi.

   (a) un biglietto

   (b) un passaporto

   (c) una bolletta

8. Lei ha _____ o preferisce pagare con Bancomat?

   (a) contanti

   (b) cantanti

   (c) cuccioli

9. Francesca e Paola _____ bisogno di studiare.

   (a) hai

   (b) hanno

   (c) ha

10. I contrari delle seguenti parole sono: piccolo / _____ ; sì / _____ ; comodo / _____ ; nuovo / _____ ; destra / _____ ; fortunato / _____

CHAPTER 4

Expressing Likes and Dislikes

In this chapter you will learn:

Discussing Likes and Dislikes
Conveying Emotional and Physical States with avere
Describing Feelings
Making Comparisons

Discussing Likes and Dislikes

 TRACK 32

Listen to Paolo and Graziana discussing their plans for the day. Paolo and Graziana are spending Saturday together. They are having coffee and a pastry, looking at the newspaper, and trying to decide what to do with their day. Where do they end up going?

GRAZIANA: Cosa vorresti fare oggi? C'è una scelta incredibile.

What would you like to do today? There is an incredible choice.

PAOLO: Boh. Mi piacerebbe andare al cinema. C'è un nuovo film di Benigni. Ma fa bel tempo. Meglio stare fuori.

I don't know. I'd like to go to the movies. There's a new Benigni film. But it's nice outside. Better to be outdoors.

GRAZIANA: Possiamo andare al mercato.

We could go to the market.

PAOLO: Che bell'idea! C'è il mercato di antichità in Piazza Ciompi. Mi piacciono i negozi là.

What a good idea! There's the antiques market in Piazza Ciompi. I like the shops there.

GRAZIANA: OK. E poi, c'è un ristorante vicino al mercato che vorrei provare.

OK. And then there is a restaurant near the market that I'd like to try.

PAOLO: Quale ristorante?

Which restaurant?

GRAZIANA: Si chiama... non ricordo il nome. Ma so dov'è.

It's called . . . I don't remember the name. But I know where it is.

PAOLO: Com'è?

What's it like?

GRAZIANA: È piccolo con un menu toscano. Non è caro. Ha una cucina casalinga favolosa.

It's small and has a Tuscan menu. It's not expensive. It has fabulous home-style cooking.

PAOLO: E poi stasera?

And tonight?

GRAZIANA: Poi stasera possiamo andare al cinema. Ti piacciono i film di Benigni?

Then this evening we can go to the movies. You like Benigni's films?

PAOLO: Sì, mi piacciono molto. Ma mi piace anche la lirica.

Yes, I like them a lot. But I also like opera.

GRAZIANA: Anche a me. C'è una rappresentazione di «Rigoletto» al Teatro Communale.

Me, too. There's a production of Rigoletto at the Teatro Communale.

PAOLO: Vediamo se ci sono biglietti.

Let's see if there are tickets.

GRAZIANA: O possiamo sempre restare a casa.

Or we could always stay home.

PAOLO: Sì, è una possibilità.

Yes, that's a possibility.

Dialogue Review 4-1

Respond to the following questions with true (**vero**) or false (**falso**). Review the dialogue if necessary. You can check your answers against the Answer Key.

_____ 1. Oggi è sabato.

_____ 2. Ci sono molte cose da fare.

_____ 3. A Graziana piace il mercato in Piazza Ciompi.

_____ 4. Il ristorante offre una cucina regionale.

_____ 5. Non c'è una lirica al Teatro Communale.

Written Practice 4-1

Given the many choices available to them, Graziana and Paolo choose to be outside during the day. Which activities do you prefer? Answer the following questions from the choices offered.

1. Quando fa bel tempo, preferisci andare al cinema, andare al mercato di pulci o andare al parco? Io preferisco _____.

2. Preferisci il cinema o la lirica? Io preferisco _____.

3. Preferisci mangiare a casa o in un bel ristorante? Io preferisco _____.

4. Preferisci i film di Benigni o le opere liriche di Verdi? Io preferisco _____.

Oral Practice 4-1

 TRACK 33

Figure out what you and a friend might do with your free day. Gather information by asking the following questions, once you have translated them into Italian. Then listen to the questions on the CD and reply to them.

1. What would you like to do?

2. Do you prefer to go to the movies or to a museum?

3. Shall we go to the market?

4. Do you like to eat in new restaurants?

5. What's the weather?

6. Are there many tourists at the Museo Civico?

7. Is there a new movie you would like to see?

8. Do you like the Futurists? There is a show.

9. Is there a theater nearby?

10. What time is the opera?

Oral Practice 4-2

 TRACK 34

In Chapters 2 and 3 you learned to use **essere** and **avere**. Listen to the following descriptions, which use these verbs; read along as you listen and repeat the Italian sentence by sentence. Then decide what or who is being discussed. You can check your answers in the Answer Key.

1. Questa città non ha strade tradizionali, ma canali pieni di acqua. Ha l'architettura bizantina ma anche occidentale. Ci sono molti ponti qui. Quale città è? _____.

2. È un libro italiano—vecchio vecchio—che parla di Firenze, dell'amore, dell'inferno, del purgatorio e del paradiso. Ci sono personaggi "veri"— cioè Beatrice, Vergile, Giulio Cesare, Ulisse e Dante Alighieri. Come si intitola? _____.

3. È un uomo fiorentino, un chirurgo. Compra molti libri. Sa cucinare (infatti il padre è proprietario di un ristorante). Secondo Marisa, è intelligente e simpatico, alto, bruno e bello. Come si chiama? _____.

4. È una donna molto famosa. È italo-americana. Oggi (almeno) ha i capelli biondi. Canta. Scrive. Ha svolto il ruolo di Evita nel film dello stesso nome. Il suo nome vero è Louise Veronica Ciccone. Chi è? _____.

Conveying Emotional and Physical States with *avere*

While **avere** means *to have*, it can also convey the sense of *to be* when combined with specific nouns, as is the case with most Romance languages. The following list contains the most common forms of this lexical unit.

avere… anni	*to be . . . years old*	avere paura di	*to be afraid of*
avere bisogno di	*to need*	avere ragione	*to be right*
avere caldo	*to be warm*	avere sete	*to be thirsty*
avere fame	*to be hungry*	avere sonno	*to be sleepy*
avere freddo	*to be cold*	avere torto	*to be wrong*
avere fretta	*to be in a hurry*	avere voglia di	*to feel like*

Here are some examples:

Hai fame? Sì, ho fame da lupo.	*Are you hungry? Yes, I'm starving.*
Ho bisogno di dormire.	*I need to sleep.*
Lui ha voglia di viaggiare.	*He feels like traveling.*
Noi abbiamo fretta! Siamo in ritardo.	*We are in a hurry! We're late.*
I bambini hanno sonno.	*The children are sleepy.*
Voi avete paura dei cani?	*Are you afraid of dogs?*

While **avere** conjugates normally, according to the subject, the nouns (**fame, sete,** etc.) do not change.

Written Practice 4-2

Referring to the preceding list, and to the conjugation of **avere** in Chapter 3, respond to the questions.

1. Hai paura dei cani grossi? _____
2. Quanti anni hai? _____
3. È vero? Lui ha ragione? _____
4. Hai sete? _____
5. Hai bisogno di qualcosa? _____

6. Dopo cena, hai sonno? _____

7. Cosa preferisci mangiare quando hai fame? _____

8. In estate, hai caldo o freddo? _____

9. La mattina, hai fretta? _____

10. Hai voglia di andare in Italia? _____

Describing Feelings

 TRACK 35

Listen to the following dialogue between Beppe and his daughters.

BEPPE: Buon giorno, care. Avete dormito bene?

Good morning, dears. Did you sleep well?

FRANCESCA: Babbo, ciao! Sì come un ghiro.

Hi, Daddy! Yes, like a dormouse (a log).

PAOLA: Io, no. E ho sonno. Devo proprio andare a scuola? Non ne ho voglia.

I didn't. And I'm sleepy. Must I go to school today? I don't feel like it.

BEPPE: Sì, cara. Devi andare a scuola.

Yes, dear. You have to go to school.

FRANCESCA: Ho fame e sete.

I'm hungry and thirsty.

PAOLA: Anch'io ho fame.

I'm hungry, too.

BEPPE: Be', c'e cioccolato caldo e un toast.

Well, there is hot chocolate and a toasted ham and cheese sandwich.

FRANCESCA: Ummm. Babbo, oggi è giovedì, no? Ho bisogno di una felpa.

Yum. Dad, today is Thursday, right? I need a sweater.

PAOLA: Babbo, sai che non mi piace il toast. Posso mangiare biscotti o cereale o frutta?

Dad, you know I don't like toasted ham and cheese. Can I have cookies or cereal or fruit?

BEPPE: Sì, tesoro. Puoi mangiare cereale e frutta. Francesca, perchè hai bisogno di una felpa?

Yes, love. You can eat cereal and fruit. Francesca, why do you need a sweater?

FRANCESCA: Perchè andiamo al parco. Ed io ho sempre freddo.

Because we're going to the park. And I'm always cold.

PAOLA: Ho paura del parco.

I'm afraid of the park.

BEPPE: Perchè?

Why?

PAOLA: Perchè ci sono cani grossi là.

Because there are big dogs there.

BEPPE: Hai ragione. Ci sono molti cani grossi. Ma non devi averne paura. Sono simpatici.

You're right. There are many large dogs. But you don't need to be afraid of them. They're nice.

FRANCESCA: Tu, Paola, quanti anni hai? Perchè hai paura dei cani?

Paola, how old are you? Why are you afraid of dogs?

PAOLA: Perchè i cani non sono simpatici.

Because dogs aren't nice.

FRANCESCA: Hai torto! Devi avere pazienza con loro. Non avere fretta. Sono amichevoli.

You're wrong! You have to have patience with them. Don't be in a hurry. They're friendly.

PAOLA: Preferisco i gatti. A proposito, Mamma, posso avere un gatto?

I prefer cats. By the way, Mom, can I have a cat?

Dialogue Review 4-2

From the dialogue, what have you learned about Francesca and Paola? List three things you have learned about each girl. For example, Francesca slept well (**come un ghiro**) and Paola doesn't like toasted ham and cheese sandwiches (**toast**).

Francesca

1. _____
2. _____
3. _____

Paola

1. _____
2. _____
3. _____

VOCABULARY DEMYSTIFIED

Ne

Of all the two-letter words in Italian, **ne** is one of the most used and one of the most difficult to master. It is impossible to translate it directly into English, but it can mean *of them, of it, from there*. For example: **Quanti figli ha? Ne ha due** (*How many children does he have? He has two [of them]*). **Francesca non ne ha paura** (*Francesca is not afraid of it*). **Il padre di Paolo viene da Siena; ne viene** (*Paolo's father comes from Siena; he comes from there*). It is one of those words to listen for, but not to worry about too much. Its use comes with time and exposure to the living language.

Written Practice 4-3

Imagine three adjectives that apply to each of the girls. Make up a physical description for each of them, using adjectives that you learned in Chapter 2. For example: Francesca è più vecchia. (*Francesca is older.*)

Francesca

1. _____
2. _____
3. _____

Paola

1. _____
2. _____
3. _____

Written Practice 4-4

Using all you have learned so far, find out everything you can about a new friend. Ask the following questions, once you have translated them into Italian, using the familiar **tu** form. (Questions marked with an asterisk take **avere**.) Translations are found in the Answer Key. Answers will vary.

1. What is your name? _____
2. How old are you?* _____
3. Are you afraid of animals?* _____
4. Where are you from? _____

CULTURE DEMYSTIFIED

The Italian Educational System

Public school in Italy is divided into **la scuola elementare** (elementary school, beginning at age 6, and continuing for five grades), **la scuola media** (middle school, three grades), and **il liceo** (high school, five grades). High schools are specialized and include the **liceo scientifico** (scientific focus), **classico** (classical), **linguistico** (languages), and **istituti** (institutes for teachers or for technical vocations). Some high schools focus on art (**il liceo artistico**), on music (**il conservatorio di musica**), or on drama (**l'accademia nazionale d'arte drammatica**). It is extremely difficult to change schools once a choice has been made. At the end of high school, students take national examinations that determine whether they will go on to university.

5. Are you hungry?* _____

6. Are you sleepy?* _____

7. Do you like to eat? _____

8. Are you cold or warm?* _____

9. Do you know how to cook? _____

10. What is your phone number? _____

11. Are you always (**sempre**) in a hurry?* _____

12. Do you like movies? _____

13. Do you have a dog or a cat?* _____

14. Do you like Rome? _____

15. Do you prefer Rome, Florence, Venice, or Milan? _____

16. Do you like opera? _____

17. Do you have a large or a small family?* _____

18. Do you like Italian coffee? _____

19. What kind of book do you prefer? _____

20. Shall we go to the park? _____

Making Comparisons

 TRACK 36

Paola and Francesca are being competitive siblings in the following dialogue. They are discussing both emotional and physical characteristics. Listen to their use of **più** (*more*) and **meno** (*less*).

FRANCESCA: Ho molto sonno. Più di te.

I'm very sleepy. More than you are.

PAOLA: No, io ho molto, molto sonno. Più di te.

No, I'm very, very sleepy. More than you.

FRANCESCA: OK. Noi due abbiamo sonno. È vero. Però, io ho anche fame.

OK. We're both sleepy. True. However, I'm also hungry.

PAOLA: Io ho molta fame, una fame da lupo.

I'm very hungry. Hungry as a wolf.

FRANCESCA: Ho più anni di te. Ho 10 (dieci) anni e tu hai soltanto 8 (otto).

I'm older than you. I'm 10 and you're only 8.

PAOLA: Vero, ma io sono più simpatica.

True, but I'm nicer.

FRANCESCA: Eh? Sono più alta, più intelligente, più carina.

Huh? I'm taller, smarter, and prettier.

PAOLA: Io invece ho più libri e più amici.

I, on the other hand, have more books and more friends.

FRANCESCA: No, non è possibile. Hai pochi libri e molti giocattoli. Insomma, sei molto giovane.

Nope, not possible. You have few books and many toys. In short, you're very young.

PAOLA: Hai torto! Tu sei antipatica.

You're wrong. You're not nice.

FRANCESCA: Ma sì, sei una bimba. Hai perfino paura dei cani.

Oh yes, you're a baby. You're even afraid of dogs.

PAOLA: Soltanto i cani grossi. Mi piacciono più i gatti.

Just big dogs. I like cats more.

FRANCESCA: Hai voglia di trovar una gatta, vero?

You would like to find a cat, right?

PAOLA: Da morire!

I'd die for one.

FRANCESCA: Ho un'amica di scuola che ha gattini.

I have a friend at school who has kittens.

PAOLA: Possiamo averne uno?

Could we have one of them?

FRANCESCA: La mamma non ce lo permetterebbe.

Mom wouldn't let us.

PAOLA: Perchè non glielo chiediamo?

Why don't we ask her?

FRANCESCA: No, ma ho una buon'idea. Se arrivo a casa con un bel gattino, ecco fatto. Se non chiediamo, non può dire di no...

No, but I have a great idea. If I come home with a pretty kitten, that's that. If we don't ask, she can't say no. . . .

PAOLA: Sei molto furba, più furba di me.

You're very clever, cleverer than I am.

Dialogue Review 4-3

Answer the following questions, reviewing the dialogue if necessary. You can check your answers against the Answer Key.

1. Chi delle sorelle è più vecchia? _____

2. Chi ha voglia di trovare un gatto? _____

3. Chi ha fame da lupo? _____

4. Chi crede di essere più intelligente? _____

5. Chi è meno furba? _____

6. Chi ha molti giocattoli e pochi libri? _____

INDICATING MORE AND LESS, MANY AND FEW

When comparing characteristics of one person or thing, you use **che** to separate the adjectives: **Io sono più intelligente che ricca** (*I am smarter than I am rich*). But, when comparing two persons or things, you use **di** to separate the characteristics: **Tu sei più alto di me** (*You are taller than I am*). To talk about amounts, much or little, many or few, you use **molto** or **poco**, and since these are adjectives, they must agree in number and gender with the items being discussed: **molto tempo libero** (*much free time*), **poco tempo libero** (*little free time*), **molta carne** (*a lot of meat*), **molti turisti** (*many tourists*), **pochi libri** (*few books*), **molte ragazze** (*many girls*), **poche case** (*few houses*). Both **molto** and **poco** can also serve as adverbs, in which case they are invariable: **lei è molto bella** (*she is very pretty*); **c'è molto poco** (*there is very little*).

The distinction is simple: **più** (*more* or *plus*) and **meno** (*less*). The following simple math problems will allow you to use both. For example:

1 + 3 = 4   uno più tre fa quattro
4 − 2 = 2   quattro meno due fa due

Oral Practice 4-3

 TRACK 37

Do the following problems aloud. Then listen to them on the CD.

1. 5 + 7 = 12	6. 8 + 8 = 16
2. 11 − 6 = 5	7. 3 + 20 = 23
3. 30 − 2 = 28	8. 24 − 18 = 6
4. 2 + 12 = 14	9. 23 − 15 = 8
5. 1 + 18 = 19	10. 9 + 1 = 10

NUMBERS 30 AND HIGHER

In Chapter 1, we covered the numbers 1 through 31. Here are some higher numbers:

40	quaranta	90	novanta
50	cinquanta	100	cento
60	sessanta	1.000	mille
70	settanta	2.000	duemila
80	ottanta	1.000.000	milione

Note that the plural of **mille** (*1,000*) is **mila** (*two* or *more thousand*). Expressing larger numbers in Italian is very straightforward. They build sequentially by adding the smaller number to the larger number. For example:

2	due
22	ventidue
322	trecentoventidue
1.322	milletrecentoventidue
5.322	cinquemilatrecentoventidue
105.322	centocinquemilatrecentoventidue
1.105.322	milionecentocinquemilatrecentoventidue

Counting Centuries

For historical and art historical purposes, centuries are referred to in the following manner. Instead of saying the **quattordicesimo secolo** (or *fourteenth century*), one uses the name of the year: for example **il '200, il Duecento** (*the 1200s*), **il '300, il Trecento** (*the 1300s*), and so on up through the 1900s. The fourteenth century, or the 1300s, would be called the '300, or il Trecento. The High Renaissance is referred to as **il '500** (or *the 1500s*), for example.

Oral Practice 4-4

 TRACK 38

Say the following dates out loud and then listen to them on the CD.

1492   1861   1848   1776   1517   1265

Daily Journal: Directed Writing

This short journal entry should be written daily, until the vocabulary and forms become natural to you. You can review the months, days, numbers in Chapter 1.

Oggi è _____, il (l') _____

_____ .

Fa _____ tempo.

Oggi vorrei _____ .

Come sono io? Sono _____ , _____ ,

_____ .

Io mi chiamo _____ .

Mi piacciono _____ , _____ ,

_____ .

QUIZ

Choose the correct answer for each of the following questions. You can check your answers against the Answer Key.

1. Francesca e Paola vanno _____.

    (a) al cinema

    (b) alla lirica

    (c) al parco

2. Mi _____ il film «La vita è bella».

    (a) piacio

    (b) piace

    (c) piacci

3. _____ pochi turisti in novembre.

    (a) C'è

    (b) Ci sono

    (c) Cioè

4. Mangio una bella pizza quando _____ fame.

    (a) hai

    (b) ha

    (c) ho

5. Paola ha paura dei _____.

    (a) turisti

    (b) cani

    (c) gatti

6. Io sono _____ alta che grassa.

    (a) più

    (b) molto

    (c) tanto

7. Luigi _____ sempre ragione.

   (a) ha

   (b) hanno

   (c) abbiamo

8. Ventitrè meno quattordici fa _____.

   (a) undici

   (b) trentanove

   (c) nove

9. Marisa _____ molto bella.

   (a) ha

   (b) sei

   (c) è

10. A Paolo e Graziana _____ la lirica.

    (a) piacciono

    (b) preferisce

    (c) piace

CHAPTER 5

The Foods of Italy

In this chapter you will learn:

Having Friends Over for Dinner
Using the Verb fare
Dining Out
Eating in Italy—Seasonal and Regional Foods
More Verbs

Having Friends Over for Dinner

 TRACK 39

Marisa and Beppe have invited Graziana and Paolo to dinner at their home. The girls are spending the night with their grandparents in the country. What is on the menu? Listen to the dialogue, pausing to repeat each phrase.

PAOLO: Che bella tavola! Pranziamo qui, in giardino?

What a beautiful table! Are we eating here, in the garden?

MARISA: Grazie. Sì, quando fa bel tempo, pranziamo qui fuori. Io trovo che fa bene. Poi dopo possiamo fare due passi se volete.

Thank you. Yes, when the weather is nice, we eat outside. I find that it's good for you. Then after dinner we can take a stroll, if you like.

GRAZIANA: Bell'idea. Io quasi sempre faccio due passi dopo cena. Ho una nuova macchina fotografica e forse posso fare delle foto.

Lovely idea. I almost always take a walk after dinner. I have a new camera and perhaps I can take some photos.

PAOLO: Ma dove sono le ragazze? E Beppe?

But where are the girls? And Beppe?

MARISA: Le ragazze sono dai nonni. Fanno loro visita, quasi ogni settimana. E Beppe è al telefono. Ma arriva.

The girls are at their grandparents. They visit them almost every week. And Beppe is on the phone. But he's coming.

GRAZIANA: So che tu sei una brava cuoca, Marisa. Cosa mangiamo stasera?

I know you're a good cook, Marisa. What are we eating this evening?

MARISA: È un pranzo tradizionale, semplice. Per primo, tagliatelle al limone. Per secondo, salmone al burro e salvia e verdura. Poi dell' insalata verde. Come dolci, per le ragazze ho preparato salame al cioccolato e siccome loro non lo hanno mangiato tutto—un miracolo—abbiamo il salame e dei cantucci con il vin santo.

It's a traditional, simple meal. For our first course, lemon pasta. For the second, salmon with sage and butter and vegetables. Then a salad. For dessert, I made chocolate salame (cookies) for the girls and since they didn't manage to eat them all—a miracle—we have the cookies and some biscotti with dessert wine.

GRAZIANA: Io adoro salame al cioccolato! Il mio biscotto preferito. Posso fare qualcosa?

I love chocolate salame! My favorite cookie. Can I do anything?

MARISA: No, grazie. Ecco Beppe. Possiamo cominciare.

No, thanks. Ah, here's Beppe. We can start.

CULTURE DEMYSTIFIED

Proverbs

Proverbs often reveal cultural attitudes and proclivities, and proverbs concerning food and eating abound in Italian. Food, and meals or dining together, remain central to Italian life. Common food proverbs and idioms include:

A tavola non si invecchia.	*One does not grow old at table.*
L'appetito vien mangiando.	*Appetite comes with eating.*
È buono come il pane.	*He's as good as bread.*
Pancia vuota non sente ragioni.	*An empty stomach cannot reason.*
Brutto come la fame.	*As ugly as hunger.*

Dialogue Review 5-1

Respond to the questions, looking back over the dialogue if necessary.

1. Dove sono le ragazze? _____
2. Cosa fanno dopo pranzo, gli amici? _____
3. Chi ha una nuova macchina fotografica? _____
4. Che tipo di pasta mangiano? _____
5. C'è un dolce? _____

Using the Verb *fare*

Of all the verbs in Italian, **fare** may well be the most ubiquitous. By itself it means *to make* or *to do*. As you will see, however, it can be used for everything from buying tickets to eating, from taking photographs to taking a bath, from discussing the weather to going grocery shopping. (An extensive list of idioms containing **fare** can be found in Appendix B.) In their conversation, Marisa, Paolo, and Graziana use **fare** to mean various things: **Quando fa bel tempo** (*when the weather is nice*), **fa** bene (*it's good for you*), **fare due passi** (*to take a stroll*), **fare delle foto** (*to take pictures*).

Fare is conjugated as follows:

Singular		Plural	
io faccio	*I make, do*	noi facciamo	*we make, do*
tu fai	*you make, do*	voi fate	*you make, do*
lui (lei) fa	*he (she) makes, does*	loro fanno	*they make, do*
Lei fa	*you* (formal, singular) *make, do*	Loro fanno	*you* (formal, plural) *make, do*

Written Practice 5-1

Make a list of all the uses of **fare** in the dialogue. First write them, then make sure you know their meanings. You can check your answers against the Answer Key.

1. _____   4. _____

2. _____   5. _____

3. _____   6. _____

Then answer the following questions.

7. Ti piace fare delle fotografia? _____

8. Fai due passi dopo cena? _____

9. Quando hai fame, cosa fai? _____

10. Fa bene mangiare in giardino? _____

11. Quando fa bel tempo, tu, cosa fai? _____

Written Practice 5-2

The following sentences use **fare** with cognates and vocabulary with which you are already familiar. Can you guess the meanings? If you need to, look in Appendix B for definitions, or you can check your answers against the Answer Key.

1. fare una telefonata _____

2. fare il biglietto _____

3. fare una visita _____

4. fare un favore _____

5. fare prima colazione _____

6. fare bella figura _____

7. fare una brutta figura _____

8. fa bene _____

9. fa male _____

10. Non si fa. _____

Dining Out

 TRACK 40

Beppe and Marisa, Paolo and Graziana are spending the evening together. They are going out to dinner at a restaurant Paolo has chosen. Before they meet, Marisa makes a reservation by phone.

RISTORANTE: Pronto?

Hello?

MARISA: Pronto, buon giorno. Vorrei fare una prenotazione per stasera.

Hello. Good day. I'd like to make a reservation for this evening.

RISTORANTE: Sì, a che ora?

Yes, at what time?

MARISA: Verso le 8,30 (otto e mezza), se c'è posto.

Around 8:30, if there is room.

RISTORANTE: Per quante persone?

For how many?

MARISA: Quattro. Siamo in quattro.

Four. There are four of us.

RISTORANTE: Va bene. Il cognome, per favore.

That's fine. Your last name, please.

MARISA: Bicci—Bologna, Ischia, Cremona, Cremona, Ischia.

Bicci—Bologna, Ischia, Cremona, Cremona, Ischia.

RISTORANTE: Allora, quattro alle otto e mezza. A stasera. Buon giorno.

Four, then, at 8:30. Until this evening. Good-bye.

MARISA: Grazie, buon giorno.

Good-bye.

AL RISTORANTE (*AT THE RESTAURANT*)

The four friends are seated at a table in a rather elegant restaurant near the center of town. The waiter arrives, and, having studied the menu, the four begin to order. As the host, Paolo speaks for the group to begin with.

CAMERIERE: Buona sera.

Good evening.

ALL: Buona sera.

Good evening.

CAMERIERE: Da bere?

To drink?

PAOLO: Un litro di acqua naturale. E vorrei ordinare una bottiglia di Prosecco con una selezione di crostini.

A liter of water, noncarbonated. And I would like to order a bottle of Prosecco with a selection of crostini appetizers.

CAMERIERE: Subito. Poi per primo?

Right away. And for the first course?

GRAZIANA: Io vorrei tortelli di patate.

I would like the potato-stuffed tortelli.

MARISA: Io, invece, le lasagne al forno.

I, on the other hand, the baked lasagna.

BEPPE: Posso avere mezza porzione delle lasagne?

May I have a half-portion of the lasagna?

CAMERIERE: Certo.

Of course.

PAOLO: Ed io, gli gnocchi ai quattro formaggi. Per il secondo, ci pensiamo poi.

And I'll have the gnocchi with four cheeses. As for the main course, let us think about it.

MARISA: Prosecco? Festeggiamo qualcosa?

Prosecco? Are we celebrating something?

PAOLO: Sì. Graziana ed io ci sposiamo.

Yes, Graziana and I are getting married.

MARISA: Che bella sorpresa! Tanti auguri!

What a lovely surprise! Congratulations!

BEPPE: Auguroni!

All best wishes!

MARISA: Quando sono le nozze?

When is the wedding?

GRAZIANA: Probabilmente in ottobre.

Probably in October.

CULTURE DEMYSTIFIED

Spelling Out Names in Italian

Spelling out names in Italian is done frequently by using the names of cities to represent the letters. Thus Marisa uses the names of three cities to spell out Bicci. This helps to avoid spelling errors. The name Smith, for example, would be spelled Salerno, Modena, Ischia, Torino, Hotel. Rather than depending on remembering the names of cities that represent the letters in your name, you might want to write out your name with the help of a modern map of Italy.

Dialogue Review 5-2

Respond to the following questions. Review the dialogue if you need to. You can check your answers against the Answer Key.

1. Dove fanno cena i quattro amici? _____

2. Cosa prendono da bere? _____

3. Tutti mangiano un primo? _____

4. Cosa festeggiano? _____

5. Quando si sposano? _____

Oral Practice 5-1

 TRACK 41

Listen once again to the dialogues on tracks 39 and 40. Then decide whether the following questions are true or false (**vero o falso**). You can check your answers against the Answer Key.

_____ 1. Gli amici fanno pranzo da Beppe e Marisa.

_____ 2. Le ragazze sono a scuola.

_____ 3. Graziana ha una nuova macchina fotografica.

_____ 4. Mangiano in cucina.

_____ 5. Non mangiano un dolce.

_____ 6. Beppe e Marisa si sposano.

_____ 7. I quattro amici hanno una prenotazione per le 9,30 (nove e mezza).

_____ 8. Paolo ordina vari crostini.

Written Practice 5-3

Using **fare** as the verb of choice, put the following sentences into Italian. You can check your answers against the Answer Key.

1. It's beautiful weather. _____

2. He eats dinner in the garden. _____

3. They always take a stroll after dinner. _____

4. She is taking photographs. _____

5. We visit the family every Sunday. _____

6. Luisa is making a phone call. _____

7. I am buying the tickets. _____

8. It's bad for you. _____

9. Will you do me a favor? _____

10. One doesn't do that! _____

Eating in Italy—Seasonal and Regional Foods

 TRACK 42

Paolo and Graziana are planning a culinary tour for two friends who will be visiting Italy. The friends are arriving in October. Paolo and Graziana are discussing where to go and what to eat with their friends.

PAOLO: Cara, quando arrivano Jake e Beatrice? E davvero, si chiama Jake? Non è di origine italiana?

Dear, when do Jake and Beatrice arrive? And is his name really Jake? Isn't he of Italian origin?

GRAZIANA: Arrivano il 20 (venti) ottobre. Sì, è italo-americano e professore d'italiano. Ma evidentemente il nome Giacomo è troppo difficile per gli americani e lui usa Jake.

They arrive October 20. And yes, he's Italian-American and a professor of Italian. But evidently the name Giacomo is too difficult for Americans, so he uses Jake.

PAOLO: Non è neanche lo stesso nome. Noi possiamo usare Giacomo, no?

It's not even the same name. We can use Giacomo, right?

GRAZIANA: Certo. "Paese che vai, usanza che trovi."

Of course. "When in Rome, do as the Romans do."

PAOLO: Allora, lui insegna italiano. Lei, cosa fa?

So, he teaches Italian. What does she do?

GRAZIANA: Beatrice è il capocuoco, uno chef, in un ristorante italiano. E ha voglia di conoscere tuo padre.

Beatrice is the head cook, a chef, in an Italian restaurant. And she would like to meet your father.

PAOLO: Glielo presento molto volentieri.

I'll gladly introduce her to him.

CULTURE DEMYSTIFIED

The Rituals of Eating

In Italy there are traditionally five daily meals: **la prima colazione** (*breakfast*), is light, consisting of coffee and a pastry; **le undici** (*elevenses*), an aperitif around 11:00; **colazione** or **pranzo**, the main meal of the day, at lunchtime, consisting of first, second, and third courses; **la merenda** (*tea, or snack*), around 5:00, with tea and pastries; and **la cena** (*dinner*), anywhere from 8:00 to much later in the evening, and a lighter meal than the **pranzo**. Sometimes dinner consists of **gli avanzi** (*leftovers*), from lunch. As women moved into the workforce, this schedule changed somewhat; time restraints make a large meal at lunchtime something of a luxury. Still, at home, there is often a first course of pasta, rice, soup, or polenta, followed by the main course; and in restaurants, you can order as many courses as you wish, starting with an **antipasto** (*hors d'oeuvres*) and ending with a **digestivo** (*liqueur*) after dessert. The hour around **la merenda** is often a time when people go out for ice cream as well. One always begins the meal by saying **Buon appetito!** (*Good appetite!*) You may respond to this by either repeating it or saying **Altrettanto!** (*And the same to you!*)

GRAZIANA: Vogliono visitare ristoranti che servono piatti tipici. E preferiscono andare in campagna. Hanno solo due settimane.

They want to visit restaurants that serve typical food. And they prefer to go to the countryside. They have just two weeks.

PAOLO: Benone. Possiamo andare alla Sagra del Tartufo a Sant'Angelo in Vado; c'è anche una sagra del cinghiale e quella dei tortelli di patate nel Casentino. El il bel ristorante del mio amico nel Chianti dove preparano piatti etruschi... E...

Very well. We can go to the truffle festival in Sant'Angelo in Vado; and there is the wild boar festival and another for potato-stuffed pasta in the Casentino. And the gorgeous restaurant my friend has in the Chianti Valley where they make Etruscan dishes. . . . And . . .

GRAZIANA: ... e quella vigna vicino ad Arezzo dove producono olive e olio e vino.

. . . and that vineyard near Arezzo where they produce olives and olive oil and wine.

PAOLO: Devono mangiare una bistecca alla fiorentina... e devono andare al mercato centrale. Oh, c'è troppo da fare. Purtroppo fanno un giro breve.

They have to eat a Florentine steak . . . and they must go to the central market. Oh, there is too much to do. Unfortunately, they are making a short trip.

GRAZIANA: Sai, c'è una rivista molto bella che parla di tutti i ristoranti d'Italia. Posso comprarne una domani all'edicola.

You know, there is a very pretty magazine that talks about all the restaurants of Italy. I can get a copy of it tomorrow at the kiosk.

Dialogue Review 5-3

Answer the questions about the dialogue, listening to it again if you need to. You can check your answers against the Answer Key.

1. Come si chiamano gli amici americani? _____

2. Quando arrivano in Italia? _____

3. Cosa fa lui? _____

4. Cosa fa lei? _____

5. Dove ci sono sagre? _____

6. Cosa producono in una vigna? _____

Written Practice 5-4

There are more than a dozen cognates in the dialogue, some of which you have seen before. How many can you find?

1. _____   7. _____

2. _____   8. _____

3. _____   9. _____

4. _____   10. _____

5. _____   11. _____

6. _____   12. _____

ITALIAN FOODS

Italy is famous for its cuisine. From the many pastas and sauces to desserts, or from the first course to the last, food is as varied as the geography. Regions have their own specialties, based usually on what has always been available: tomatoes in the south, rice in the north, for example. The same food can have different names, depending on the region: **uno spuntino** and **un tramezzino** are both *snacks*. Fish names change approximately every 10 kilometers down Italy's extensive coasts, and pasta comes in many shapes, which can vary according to the region, and with many sauces. Some basic terms and vocabulary that might prove useful follow:

Primi (*First courses*)

minestra, zuppa	*soup*
polenta	*cornmeal*
ragù rosso, ragù bianco	*red sauce, white sauce*
risotto	*rice*

Secondi (*Main dishes*)

Carni (*Meats*)

agnello	*lamb*		
anitra	*duck*		
cinghiale	*wild boar*		
coniglio	*rabbit*		
manzo	*beef*		
piccione	*pigeon*		
vitello	*veal*		

Pesce (*Fish*)

branzino	*sea bass*
calamaretti	*small squid*
cozze	*mussels*
gamberi, scampi	*shrimp*
pesce spada	*swordfish*
trota, salmone	*trout, salmon*
vongole	*clams*

Contorni (*Side dishes—vegetables or salads*)
Verdura (*Vegetables*)

carciofi	*artichokes*	olive	*olives*
cipolle	*onions*	patate	*potatoes*
fagioli	*white beans*	pepperoni	*red, green, yellow*
fagiolini	*green beans*		*bell peppers*
fior di zucchini	*zucchini blossoms*	pomodori	*tomatoes*
insalata mista,	*mixed salad, or*	porri	*leeks*
verde	*just lettuce*	spinaci	*spinach*
melanzane	*eggplant*	zucchini	*zucchini*

Frutta (*Fruits*)

castagne	*chestnuts*	pera	*pear*
ciliege	*cherries*	pesca	*peach*
mela	*apple*	uva	*grapes*

Dolci (*Desserts*)
There are many desserts available, though fresh fruit is often a good choice. The easiest thing is to ask to see the dessert cart and then to point.

If possible, go to the local markets: it is the best way to see what is available. It is perfectly acceptable to ask for tastes; but on no account should you pick up or touch the offerings. The greengrocer does the choosing.

CULTURE DEMYSTIFIED

Gli etruschi (*The Etruscans*)

The Etruscans, pre-Italic peoples of Italy of uncertain origin, had a highly developed society that gave Rome many of its traditions. They flourished between the third millennium BCE and 509 BCE, when they were conquered by Rome. Among their legacies are urban planning; artistic techniques, including fresco and amazing bronze sculpture; the toga; and sandals. There are many Etruscan sites to visit, which include many tombs. Near Bologna, however, outside the small town of Marzabotto, famous for its World War II tragic history, is an Etruscan city and a small, extremely well-appointed museum. The language of the Etruscans awaits complete deciphering.

More Verbs

For practical purposes, there are three major categories of verbs in Italian. They are distinguished by their ending three letters: -**are**, -**ere**, and -**ire**. The last one has a somewhat "mutated" form known as -**isc** since it introduces those letters into its conjugations. Samples of verbs used in this book are listed in Appendix B. Many are cognates. To conjugate verbs, you remove the characteristic three last letters, and add endings that reflect the subject of the verb. Conjugated samples follow; more irregular verbs are conjugated in Appendix B.

parlare (*to speak*)	**scrivere** (*to write*)	**dormire** (*to sleep*)	**capire (-isc)** (*to understand*)
io parl**o**	io scriv**o**	io dorm**o**	io cap**isco**
tu parl**i**	tu scriv**i**	tu dorm**i**	tu cap**isci**
lui, lei parl**a**	lui, lei scriv**e**	lui, lei dorm**e**	lui, lei cap**isce**
noi parl**iamo**	noi scriv**iamo**	noi dorm**iamo**	noi cap**iamo**
voi parl**ate**	voi scriv**ete**	voi dorm**ite**	voi cap**ite**
loro parl**ano**	loro scriv**ono**	loro dorm**ono**	loro cap**iscono**

Life is made somewhat easier by the fact that the present-tense endings for the **io**, **tu**, and **noi** forms are all the same for each of the verb types. The endings for **voi** forms reflect the characteristic vowel of the infinitive. Each form has three meanings: **parlo**, for example, means *I speak, I do speak,* and *I am speaking.* **Parlo italiano** (*I speak Italian*), **Parlo italiano?** (*Do I speak Italian?*), **Parlo italiano!** (*I am speaking Italian!*).

Oral Practice 5-2

 TRACK 43

Listen to the passage that follows. Read along as you listen to the CD, and repeat each sentence. Then answer the questions and listen to the answers on the CD. You may want to review the chapter dialogues before you begin.

C'è una professoressa di letteratura americana che si chiama Graziana Bicci. È molto brava. Ha una piccola famiglia a Firenze. Il suo fidanzato si chiama Paolo Franchini. Lui è chirurgo. Si sposano in ottobre. A loro piace andare al museo, fare due passi, pranzare con gli amici e leggere libri. Hanno amici americani (si chiamano Jake e Beatrice) che arrivano in Italia in ottobre. Gli amici fanno un giro culinario. La miglior amica di Graziana si chiama Marisa. Marisa è sposata. Ha due figlie, Francesca e Paola, di dieci e otto anni. Il marito si chiama Beppe. Tutte queste persone sono giovani, simpatiche e intelligenti.

1. Cosa fa Graziana?
2. Dove vivono Graziana, Beppe, Marisa e Paolo?
3. Quando si sposano Graziana e Paolo?
4. Da dove arrivano gli amici?
5. Che tipo di giro fanno gli amici americani?
6. Quante figlie ha Marisa?
7. Come si chiama il marito di Marisa?
8. Come sono queste persone?

Daily Journal: Directed Writing

This short journal entry should be written daily, until the vocabulary and forms become natural to you. Pay attention to the end of this journal reading since there are new entries.

Oggi è _____, il

(l') _____ _____.

Fa _____ tempo.

Oggi vorrei _____.

Come sono io? Sono _____, _____,

_____.

Io mi chiamo _____.

Mi piacciono _____, _____,

_____.

Per colazione, mi piace mangiare (*For breakfast, I like to eat*)

_____.

Mangio a (alle) (*I eat at*) _____ (l'ora).

La mia famiglia è (*My family is*) _____.

Oggi (*Today*) _____ *(I'm cold / I'm warm).*

QUIZ

 TRACK 44

Read through the word bank that follows. Then listen to the conversation, reading along, and fill in the numbered blanks with words from the bank. You can check your answers against the Answer Key.

bene   dispiace   prenotare   Roma   stasera

Voice 1: Buona sera. Vorrei (1) _____ un tavolo per quattro persone per le nove, (2) _____.

Voice 2: Mi (3) _____. Per le nove non è possibile. Va (4) _____ per le nove e mezza?

Voice 1: Sì. Il cognome è Garda—Genova Ancona (5) _____ Domodossola Ancona.

Now choose the correct response to the following questions.

6. Lui è buono come il pane e _____ sempre bella figura.

   (a) fai

   (b) fanno

   (c) fa

7. La ragazza _____ molte fotografie.

   (a) fai

   (b) fa

   (c) fo'

8. Io vado allo sportello del teatro per _____ i biglietti.

   (a) faccio

   (b) fare

   (c) fanno

9. Dopo cena, cosa _____ i nonni?

   (a) fanno

   (b) fai

   (c) faccio

10. Gli amici fanno colazione _____.

   (a) in chiesa

   (b) in ufficio

   (c) in giardino

PART ONE TEST

Circle the letter of the word or phrase that best answers the question or completes the sentence. Answers are in the Answer Key.

1. Come stai oggi?
   - (a) Bene.
   - (b) Buono.

2. Vorrei _____ una pizza.
   - (a) mangiare
   - (b) viaggiare

3. Oggi è _____.
   - (a) novembre
   - (b) lunedì

4. Per vedere la mostra di un pittore, vado _____.
   - (a) al museo
   - (b) a teatro

5. Loro _____ simpatici.
   - (a) siamo
   - (b) sono

6. _____ il teatro?
   - (a) Dove
   - (b) Dov'è

7. _____ dei due pittori preferisci?
   - (a) Quali
   - (b) Quale

8. Il contrario (la parola opposta) di cattiva è _____.
   - (a) bravo
   - (b) brava

9. Io sono alto. Lei invece è _____.
   - (a) corta
   - (b) bassa

10. _____ moltissimi turisti in estate!

   (a) Ci sono

   (b) C'è

11. Marco? _____?

   (a) Com'è

   (b) Come

12. Io ed i bambini non _____ amici.

   (a) sono

   (b) siamo

13. Mi _____ leggere i gialli e le biografie.

   (a) piace

   (b) piacciono

14. Di che colore sono gli occhi?

   (a) Castagno.

   (b) Nocciola.

15. Tu _____ un cane o un gatto?

   (a) hai

   (b) ha

16. Lui _____ ha quattro.

   (a) ne

   (b) no

17. La ragazza è più _____ che simpatica.

   (a) ricca

   (b) ricco

18. Andiamo al _____.

   (a) mare

   (b) spiaggia

19. I bambini _____ sonno. Devono dormire.

   (a) avete

   (b) hanno

20. Voi _____ la differenza?

 (a) parlate

 (b) sapete

21. Giuseppino! Cosa _____?

 (a) fate

 (b) fai

22. L'acqua gassata _____ bene?

 (a) sta

 (b) fa

23. Vorrei fare una prenotazione per quattro, _____ 8,00.

 (a) alle

 (b) verso

24. Mia madre _____ cinque lingue.

 (a) parla

 (b) è

25. Non _____ la poesia ma la leggo.

 (a) mi piacciono

 (b) mi piace

TRAVELING IN ITALY

CHAPTER 6

Planning a Trip in Italy

In this chapter you will learn:

Planning a Trip
Shopping for Essentials
Taking a Train
Telling Time

Planning a Trip

 TRACK 1

Listen to the conversation between Jake and Beatrice as they plan their trip to Italy to attend Paolo and Graziana's wedding and to visit restaurants and food festivals. Where will they go first?

BEATRICE: Arriviamo a Firenze il 20 ottobre verso le undici. Dove stiamo quest'anno?

We get to Florence October 20 around 11:00. Where are we staying this year?

JAKE: Ti piace quel piccolo albergo proprio nel centro storico, vero?

You like that small hotel smack in the historic center, right?

BEATRICE: Oh sì. È bello, piccolo e le persone che ci lavorano sono molto simpatiche. Per di più, non costa un occhio. Facciamo una prenotazione.

Oh yes. It's pretty, small, and the people who work there are very nice. Moreover, it doesn't cost an arm and a leg. Let's make a reservation.

JAKE: Ok. Vediamo un po'. Arriviamo a Firenze il 20 ottobre. Ripartiamo da Firenze il 2 novembre se non sbaglio. Poi andiamo a Marzabotto per visitare il Museo Etrusco. E passiamo la notte vicino a Milano. Poi l'indomani, cioè il 3 novembre, torniamo negli Stati Uniti.

OK. Let's see. We arrive in Florence October 20. We leave Florence November 2, if I'm not mistaken. Then we go to Marzabotto to visit the Etruscan museum. And we are spending the night near Milan. The next day, November 3, we return to the United States.

BEATRICE: Sai, non c'è soltanto il Museo Etrusco a Marzabotto. C'è l'unica città etrusca d'Italia. E a Marzabotto c'è anche il cimitero partigiano.

You know, there isn't just the Etruscan museum at Marzabotto. It's the only Etruscan city in Italy. And in Marzabotto there is also the partisan cemetery.

JAKE: Per confermare la prenotazione all'albergo ho bisogno della carta di credito. Quando scade?

To confirm the reservation at the hotel I need the credit card. What's the expiration date?

BEATRICE: La scadenza è scritta qui— giugno 2012.

The expiration date is written here— June 2012.

JAKE: C'è altro che devo chiedere?

Is there anything else I should ask for?

BEATRICE: Be', una camera doppia, con letto matrimoniale, servizi e tutto compreso. Servono una bella prima colazione.

Well, a double room with a double bed, bath, and everything included. They serve a nice breakfast.

JAKE: Oltre a Firenze e Marzabotto, dove andiamo?

Besides Florence and Marzabotto, where are we going?

BEATRICE: Andiamo ad Arezzo, a
   Gubbio, alla Gola del Furlo,
   a Sant'Angelo in Vado...

*We are going to Arezzo, Gubbio,
   the Gola del Furlo, Sant'Angelo
   in Vado . . .*

JAKE: Perchè in questi posti piccoli?

Why to these small places?

BEATRICE: Per mangiare, amore, per
   mangiare!

To eat, love, to eat!

Dialogue Review 6-1

Respond to the following questions in Italian. Go back through the dialogue if you
need to refresh your memory.

1. Dove arrivano Jake e Beatrice? _____

2. Quando arrivano Jake e Beatrice? _____

3. Com'è l'albergo dove stanno? _____

4. Che cosa c'è da vedere a Marzabotto? _____

5. Hanno una carta di credito? Quando è la scadenza? _____

6. Cosa significa «tutto compreso»? _____

CULTURE DEMYSTIFIED

Hotel Reservations and Costs

Anticipating the language you will use will carry you a long way. When you call to make a
hotel reservation, it helps to know that the hotel will want to know your last name (be prepared to spell it); the kind of room you want—single or double, with or without bath (**singola, doppia; con o senza servizi**); arrival and departure dates (**arrivo, partenza**); a credit
card number (**numero di una carta di credito**) and its expiration date (**la scadenza**); and
perhaps a home phone number, with area code (**numero di telefono, con prefisso**). You
will want to be sure that everything (breakfast and especially tax, which can amount to
19% of the bill) is included (**tutto compreso**). Once at the hotel, you can expect to be asked
if you have a **prenotazione** (*reservation*) and to produce a **documento** (*document*, e.g.,
passport). It is customary to tip the people who clean your room, usually a couple of dollars
a day, although you can wait until you leave to do this.

GRAMMAR DEMYSTIFIED

Using Subject Pronouns with Verbs

The personal endings of conjugated verbs in Italian are so distinctive that frequently you do not use the subject pronouns. See Chapter 2 for a review of the subject pronouns. **Parlo** instead of **Io parlo**; **andiamo** instead of **noi andiamo**; **stanno** instead of **loro stanno**. After **anche** (*also*), however, the subject pronoun is usually used (**anch'io, anche noi**), as it is when needed for emphasis (**pago io**). For sample conjugations and a list of verbs, see Appendix B. So far, you have encountered approximately forty **-are**, eight **-ere**, and six **-ire** verbs.

Written Practice 6-1

Cover the Italian portion of the previous dialogue, and, on a separate piece of paper, try putting the dialogue back into Italian. Compare your work to the original.

Oral Practice 6-1

 TRACK 2

Listen to the following questions, reading along as necessary; then repeat them; and, finally, answer them in Italian. Listen to sample answers on the CD.

1. Parli italiano?
2. Dove lavori?
3. Cosa preferisci mangiare quando hai fame?
4. Visiti la famiglia spesso?
5. Quando torni a casa, cioè a che ora?
6. Compri molte cose in Italia?
7. Ti piace andare in Italia?
8. Insegni? Sei professore (professoressa)?
9. Sai cucinare?

10. Ricordi il nome del ristorante vicino al mercato?

11. Chi paga il conto?

12. Vuoi guardare la televisione?

13. Prendi un caffè?

14. Hai voglia di andare al museo?

15. Quanti anni hai?

16. Come sei tu?

17. Leggi molto?

18. Quando hai freddo, prendi tè o caffè?

19. Telefoni alla famiglia ogni giorno?

20. Dormi bene quando fai un viaggio?

Shopping for Essentials

 TRACK 3

Jake and Beatrice are settling in at their hotel in Florence. They have discovered various items that they did not or could not bring, and they are planning a shopping excursion.

JAKE: Mamma mia, ma le zanzare sono feroci!

Good grief, but the mosquitos are ferocious!

BEATRICE: Hai ragione! Dimentico sempre che qui a Firenze, specialmente vicino all'Arno, ci sono zanzare tutto l'anno. Andiamo in farmacia per un repellente. E mentre siamo fuori, devo comprare dei francobolli per le cartoline e un orario dei treni.

You are right! I always forget that here in Florence, especially near the Arno, there are mosquitoes all year. Let's go to the pharmacy for mosquito repellent. And while we're out, I have to buy stamps for postcards and a train schedule.

JAKE: Primo, la farmacia per un repellente, poi il tabaccaio per i francobolli e se non sbaglio c'è un edicola dove possiamo comprare l'orario.

First, the pharmacy for the repellent, then the tobacconist for stamps, and, if I'm not mistaken, there is a kiosk where we can buy the train schedule.

BEATRICE: Sai leggere l'orario dei treni? Secondo me, non è mica facile da capire.

Do you know how to read the train schedule? For me, it's not at all easy to understand.

JAKE: Mi arrangio.

I manage.

BEATRICE: Bravo! Tu ce la fai sempre. Anche all'edicola dove hanno una bella selezione di cartoline vediamo se c'hanno il libro «English Yellow Pages». È molto utile. Vorrei andare anche dal fruttivendolo. Ho bisogno di frutta fresca.

Bravo! You always manage. Also at the kiosk where they have a good selection of postcards let's see if they have the book, English Yellow Pages. *It's really useful. I'd like to go to the produce stand, too. I need fresh fruit.*

JAKE: Va bene. Cosa è il libro «English Yellow Pages»?

That's fine. What is this English Yellow Pages?

BEATRICE: È un libro con liste e liste di negozi, medici, scuole dove si parla inglese. Non conosci il libro perchè non ne hai bisogno.

It's a book with lists and lists of businesses, doctors, schools where they speak English. You aren't familiar with the book because you don't need it.

JAKE: E tu? Tu parli benone l'italiano.

And you? You speak Italian very well.

BEATRICE: Sì, ma se devo andare dal medico o in Questura, ad esempio, e tu non ci sei, non ce la faccio in italiano. Meglio in inglese.

Yes, but if I have to go to the doctor or the police, for example, and you're not here, I can't do it in Italian. Better in English.

JAKE: Lasciamo la chiave e recuperiamo i passaporti. Devo cambiare dei soldi.

Let's leave the key at the desk and get our passports. I need to change money.

Dialogue Review 6-2

Listen to the dialogue again and see if you can find at least five cognates. Be careful! There is also a "false cognate," **recuperiamo**, which means *getting something back* rather than to recuperate, as from an illness. You can check your answers against the Answer Key.

1. _____   4. _____

2. _____   5. _____

3. _____

Written Practice 6-2

Dove vai? Where do you go for the following items? (Some of the items are cognates that are easily recognizable.) Match the businesses in column 2 with the items in column 1. You may use the places in column 2 more than once. If you don't recognize an item or a business, look it up in the dictionary. You can check your answers against the Answer Key.

Column 1

_____ 1. dei francobolli

_____ 2. la prima colazione

_____ 3. la frutta fresca

_____ 4. un antibiotico

_____ 5. un biglietto per il bus

_____ 6. un giallo

_____ 7. un caffè espresso

_____ 8. l'orario dei treni

_____ 9. la detergente

_____10. delle cartoline

_____11. la medicina

_____12. delle riviste

_____13. una biografia

_____14. il pranzo già preparato

_____15. un termometro

_____16. i vestiti puliti

_____17. una mappa

_____18. una camera

_____19. un dolce

_____20. dei soldi

Column 2

A. l'edicola

B. la farmacia

C. l'ufficio postale

D. la tintoria

E. un Bancomat

F. la banca

G. la mesticheria

H. il fruttivendolo

I. un bar

J. una libreria

K. il tabaccaio

L. l'albergo

M. la rosticceria

N. il pronto soccorso all'ospedale

Shopping

The tradition of small, locally owned businesses is alive and well in Italy. Thus, shopping means going often to many small shops. Certainly small, specialized food stores abound. For fruit and vegetables, you would go to the **fruttivendolo**. Be advised that you should not touch the fruit, or test it for ripeness. The shopkeeper will choose your fruit for you. There are cheese shops, dairy-product shops, bakeries, wine shops, beef shops, poultry shops, fish shops, and many others. A pharmacy differs from one in the United States; pharmacists are trained to help you with minor physical ailments, although they cannot prescribe drugs. Some pharmacies have a green cross and notification of being open 24 hours a day. In case of a medical emergency, there is the **pronto soccorso**, or emergency room. Of course there are large supermarkets, but they are usually less interesting and less fun than the individual shops. Each business has a day of the week when it is not open. This **chiusura** (*closing*) varies by profession; hairdressers and museums are generally closed on Mondays, for example. Restaurants also follow this practice.

Taking a Train

 TRACK 4

Jake and Beatrice are planning their day trips out of Florence, and are using the train schedule they just purchased.

JAKE: Perchè non prepariamo un calendario. Le nozze sono il 22; ripartiamo da Firenze il 2 novembre. Ho prenotazioni per gli Uffizi il 31. Che ne dici di andare ad Arezzo il 24? Devo confessare che ho già i biglietti per visitare gli afreschi di Piero della Francesca...

Why don't we make out a schedule. The wedding is the 22nd. We leave Florence November 2. I have reservations for the Uffizi on the 31st. What do you say to Arezzo on the 24th? I have to confess I already have tickets to visit the Piero della Francesca frescoes . . .

BEATRICE: È una buon'idea. Possiamo andare ad Arezzo in treno. Ci sono una trentina di treni ogni giorno se leggo l'orario correttamente.

Good idea. We can go to Arezzo on the train. If I'm reading the schedule correctly, there are about thirty trains every day.

JAKE: Sì, leggi correttamente l'orario. I treni da Firenze a Roma partono quasi ogni ora. Le prenotazioni sono per le 10,00 (dieci). Dobbiamo partire verso le 8,00 (otto). C'è un EuroStar alle 8,19 (otto diciannove)—ma non ci ferma. Allora, c'è un treno alle 8,22 (otto ventidue) che arriva ad Arezzo alle 9,03 (nove e tre). Va bene?

Yes, you're reading it correctly. The trains from Florence to Rome leave almost every hour. The reservations are for 10:00. We should leave around 8:00. There's a EuroStar at 8:19—but it doesn't stop there. So there is a train at 8:22 that arrives in Arezzo at 9:03. Is that okay?

BEATRICE: Sì, poi abbiamo tempo per uno spuntino al caffè di fronte alla chiesa dove ci sono gli affreschi.

Yes, then we have time for a snack at the café across from the church where the frescoes are.

JAKE: Non trovo un treno che ferma a Gubbio. Dobbiamo noleggiare una macchina per qualche giorno?

I'm not finding a train to Gubbio. Should we rent a car for a few days?

BEATRICE: Credo di sì. Se andiamo a Gubbio e la Gola del Furlo e Sant'Angelo in Vado e forse ad Urbino, dobbiamo fare un solo giro. E poi è molto più semplice in macchina che in treno o in bus.

I think so. If we go to Gubbio and the Gola del Furlo and Sant'Angelo in Vado and perhaps Urbino, we should do it all together; and it's much easier in a car than by train or bus.

JAKE: In un solo giorno!

In one day!

BEATRICE: No, no. Ma dobbiamo ritenere la camera qui e poi non dobbiamo fare le valigie di nuovo.

No, no. But we should keep the room here, and then we don't have to pack again.

JAKE: Prodiga!

You're a spendthrift!

BEATRICE: No, davvero, no. Per di più, se l'albergo è completo durante gli ultimi giorni del nostro viaggio?

Not really. Besides, what if the hotel is full those last days of our trip?

JAKE: Bene, suppongo di sì. Dobbiamo noleggiare una macchina anche per andare a Marzabotto e poi a Milano?

Well, I suppose so. Should we also rent a car to go to Marzabotto and on to Milan?

BEATRICE: Assolutamente! È difficile andare a Marzabotto. E poi strada a Milano, c'è un ristorante favoloso in campagna... E a proposito, un'amica mia che abita ad Arezzo vuol invitarci a pranzare in un ristorante vicino a Monterchi. Possiamo visitare la Madonna del Parto di Piero della Francesca e mangiare in campagna.

Absolutely. It's hard to get to Marzabotto. And on the way from there to Milan, there is a great country restaurant. . . . Oh, and by the way, a friend of mine who lives in Arezzo has invited us to eat in a restaurant near Monterchi. We can visit Piero della Francesca's Pregnant Madonna and eat in the country.

Dialogue Review 6-3

Listen to the dialogue again, and then answer the following questions. You can check your answers against the Answer Key.

1. A Beatrice piace mangiare? _____

2. Dove vanno Jake e Beatrice? _____

3. Cosa visitano ad Arezzo? _____

4. Vanno ad Arezzo in treno o in macchina? _____

5. Dove vanno il 31 ottobre? _____

Telling Time

In Chapter 1 you learned numbers 1 to 31. To tell time you need only be able to count to 30. Everything "official"—train schedules, theater hours, shop openings and closings—in Italy uses the 24-hour clock. If you are arriving by train at 9:00 P.M., for example, you would say **Arrivo alle 21,00 (ventuno)**.

Che ora è?	*What time is it?*
È l'una.	*It's one o'clock.*
È mezzanotte (mezzogiorno).	*It's midnight (noon, midday).*

Other than the previous three exceptions, you use **sono** (*they are*), the plural of **è** (*it is*), to tell time, because after 1:00 all hours are plural. While you don't say **ore** (*hours*), as in the English "o'clock," it is understood.

Sono le due [ore].	*It's 2:00.*
Sono le quattro [ore].	*It's 4:00.*
Sono le quindici [ore].	*It's 3:00 P.M.*

The first thirty minutes of an hour get added on. For example, **Sono le due e venti** (*It's 2:20*). The second thirty minutes of an hour are subtracted from the next hour: **Sono le quattro meno dieci** (*It's 3:50*—or 4:00 minus 10).

Read the following times. Then cover the English and see if you can translate them.

È mezzanotte.	*It's midnight.*
Sono le tre e venti.	*It's 3:20.*
Sono le quindici e venticinque.	*It's 3:25 P.M.*
Sono le sette e trenta.	*It's 7:30.*
Sono le sette e mezza.	*It's 7:30.* (literally, *It's 7 and a half.*)
Sono le dieci meno cinque.	*It's 9:55.*
È l'una e quindici.	*It's 1:15.*
È l'una e un quarto.	*It's 1:15.* (literally, *It's one and a quarter.*)
Sono le otto e venti.	*It's 8:20.*
Sono le ventidue.	*It's 10:00 P.M.*

CULTURE DEMYSTIFIED

Il Mezzogiorno

The word **mezzogiorno** means *noon,* but **il Mezzogiorno** refers generally to the geographic region south of Rome, where the life is more agricultural and traditional than industrial and modern, a side effect of the nineteenth-century wars of unification. Reference is made to **i problemi del Mezzogiorno** or **la questione del Mezzogiorno.**

Written Practice 6-3

Answer the following questions, using a 24-hour clock. Remember, if you are using **l'una** or **mezzogiorno** for your answer, to use the singular form **all'una, a mezzanotte,** or **a mezzogiorno** rather than **alle**. You can check your answers against the Answer Key.

1. A che ora mangi? Io mangio _____.
2. Quando parti? Io parto _____.
3. A che ora studi? Io studio _____.
4. Quando vai in ufficio? Io vado in ufficio _____.
5. Quando comincia il film? Comincia _____.
6. A che ora arriva il treno da Parigi? Il treno da Parigi arriva _____.
7. Vai al mercato stamattina? Sì, vado al mercato _____.
8. Quando devi arrivare all'aereoporto? L'aereo parte alle diciassette, così devo arrivare due ore prima, _____.

Oral Practice 6-2

 TRACK 5

Listen to the following passage; read along as you listen. Pause and repeat each sentence. Then answer the questions. You can check your answers on the CD and against the Answer Key.

Jake e Beatrice arrivano in Italia, specificamente a Firenze, il 20 ottobre. Ci vanno per le nozze, cioè il matrimonio di Paolo e Graziana. Stanno in un albergo (un hotel) in centro e visitano vari musei. Mangiano in molti ristoranti diversi. Visitano anche Arezzo e vari posti piccoli per provare la cucina locale. Portano ognuno una piccola valigia. Viaggiano in treno e in macchina.

1. Quando arrivano in Italia Jake e Beatrice?
2. A quali città vanno?

3. Perchè vanno in Italia?

4. Dove stanno a Firenze?

5. Che cosa vogliono provare?

6. Quante valigie portano?

Written Practice 6-4

Write out a script for making a hotel reservation, filling in the blanks.

TU: Buon giorno. Albergo Firenze?

COMMESSO: Sì.

TU: Vorrei prenotare una camera _____ (singola, doppia)
per il periodo dal _____ _____ (data, mese)
al _____ _____ (data, mese).

COMMESSO: Per quante persone?

TU: Due.

COMMESSO: Vorrebbe un letto matrimoniale o due singoli?

TU: Un letto _____, per favore. E con bagno, certo.

COMMESSO: Va bene. Il cognome, per favore?

TU: _____, *(then spell out)* _____
_____ _____
_____ _____.

COMMESSO: Ha una carta di credito, per confermare la prenotazione?

TU: Sì, _____ (tipo e numero).

COMMESSO: La scadenza, per favore?

TU: _____ _____ (mese, anno).
Quanto viene la camera?

COMMESSO: Una camera doppia con servizi è 70 Euro la notte.

TU: Tutto _____?

COMMESSO: Certo.

Daily Journal: Directed Writing

This short journal entry should be written daily, until the vocabulary and forms become natural to you. Pay attention to the end of this journal reading as there are new entries.

Oggi è _____ , il
  (l') _____ _____ .

Fa _____ tempo.

Oggi vorrei _____ .

Come sono io? Sono _____ , _____ ,
  _____ .

Io mi chiamo _____ .

Mi piacciono _____ , _____ ,
  _____ .

Per colazione, mi piace mangiare _____ .

Mangio a / alle _____ (l'ora).

La mia famiglia è _____ .

Oggi _____ .

QUIZ

Choose the correct answers to the following questions. Then check your answers against the Answer Key.

1. Le bambine non _____ ; studiano.

  (a) insegnano

  (b) insegna

  (c) insegni

2. Tu, Mario, _____ fame?

   (a) hai

   (b) ha

   (c) avete

3. A Firenze stiamo in quel piccolo _____ .

   (a) tintoria

   (b) mesticheria

   (c) albergo

4. La scadenza? _____ del 2012.

   (a) Lunedì

   (b) Giugno

   (c) Quindici

5. Per me va bene una _____ singola con servizi.

   (a) scatola

   (b) camera

   (c) fotografia

6. Giulio _____ moltissimi libri.

   (a) arriva

   (b) mangia

   (c) legge

7. Io sono giornalista. _____ per «La Nazione».

   (a) Festeggio

   (b) Scrivo

   (c) Cucino

8. Dove _____ Jake e Beatrice?

   (a) sono

   (b) siete

   (c) sei

9. A che ora fa cena la famiglia?

   (a) Alle 4,00

   (b) A mezzogiorno

   (c) Alle 8,30

10. Parole opposte. Give the opposites of the following words:
    partire / _____; andare / _____; chiudere / _____;
    dimenticare / _____; avere torto / _____;
    caldo / _____

CHAPTER 7

Going Out for the Evening

In this chapter you will learn:

Buying Theater Tickets

Speaking About the Past with the imperfetto

Describing a Performance

Giving an Opinion

Speaking About the Past with the passato prossimo

Buying Theater Tickets

 TRACK 6

Listen to the following conversation between Jake and Beatrice as they decide on which production they would like to attend and when. How much are they willing to pay for tickets?

113

BEATRICE: C'è una rappresentazione di «La Bohème». Perchè non ci andiamo? Canta "il nuovo Pavarotti".

There is a production of La Bohème. Why don't we go? "The new Pavarotti" is singing.

JAKE: Impossibile. Non c'è un nuovo Pavarotti. Lui era unico.

Impossible. There is no new Pavarotti. He was unique.

BEATRICE: Bene, in ogni caso deve essere bravo per avere ricevuto questo titolo. Ci sono biglietti per il 25, il 28, e il 29. Quali preferisci?

Well, in any case, he must be good to have received the title. There are tickets for the 25th, the 28th, and the 29th. Which do you prefer?

JAKE: Il 25, perchè andiamo a Gubbio il 26, no? Sono cari?

The 25th, because we go to Gubbio the 26th, right? Are they expensive?

BEATRICE: Sono un po' cari. Leggi qui.

They're a little expensive. Read here.

JAKE: Vorrei dei biglietti di palco. Costano 65 (sessantacinque) Euro. Va bene?

I'd like box seats. They cost 65 euros. Is that OK?

BEATRICE: Certo. Mi piacciono i palchi perchè puoi vedere il palcoscenico.

Of course. I like box seats because you can see the stage.

JAKE: Sono d'accordo. Proverò a prenotarli oggi. C'è altro che vorresti vedere? Vedo che al teatro sperimentale presentano «Sei personaggi in cerca d'autore».

I agree. I'll try to reserve them today. Is here anything else you'd like to see? I see that at the experimental theater they're doing Six Characters in Search of an Author.

BEATRICE: Oh, mi piacerebbe tanto. Non l'ho mai visto in teatro. Soltanto al cinema perchè ne hanno fatto un film.

Oh, I'd really like that. I've never seen it in a theater. Only at the movies because they made a film of it.

JAKE: Okay. Cercherò i biglietti anche per quello.

OK. I'll try to find tickets for that as well.

BEATRICE: C'è un concerto? Forse al Palazzo Vecchio?

Is there a concert? Perhaps at the Palazzo Vecchio?

JAKE: Mi informerò.

I'll find out.

Dialogue Review 7-1

Answer the following questions about the dialogue. You can check your answers against the Answer Key.

1. Com'era Pavarotti? _____

2. Jake e Beatrice vogliono andare a quale opera? _____

3. I biglietti sono cari? _____

4. Quale dramma vorebbe vedere Beatrice? _____

5. Ti piace l'opera lirica? _____

Written Practice 7-1

Using the following form and letter, order tickets for a production of *La Bohème*.

Firenze, Ufficio Teatro Puccini

Lungarno Archibusieri, 28   **Tel: 055 / 55211**

Cognome / Nome _____
                     (last name/ first name)

Indirizzo _____ CAP _____ Città _____
      (address)   **(ZIP code)**   **(city)**

Provincia _____
            (state)

Tel: abit.: _____ ufficio: _____
      (home)   **(office)**

Rappresentazione _____
          (production)

Data in ordine di preferenza _____
          (dates, in order of preference)

Numero posti _____
          (number of tickets)

Platea *(orchestra)*	Euro 65
Posto palco *(box)*	Euro 65
Prima galleria *(mezzanine, front)*	Euro 40
Seconda galleria *(mezzanine, upper)*	Euro 30

Allegato assegno numero _____ di Euro _____
          (check number, attached)   **(in the amount of)**

Fill in the blanks in this sample letter to accompany the form. The English translation can be found in the Answer Key.

> *20 ottobre*
>
> *Egregio Signore,*
>
> *vorrei ordinare i seguenti biglietti per la rappresentazione di «La Bohème». Spedisco con questa lettera un assegno bancario internazionale di Euro* _____. *Mi farebbe il favore di spedire i biglietti al:* _____ .
> *(Mi farebbe il favore di tenere i biglietti in biglietteria; li ritirerò a teatro prima della rappresentazione.)*
>
> *Con i miei sinceri saluti,*

Speaking About the Past with the *imperfetto*

So far, you have managed to stay pretty much in the present tense in your conversation. But, as you visit places, carry on daily life, or attend various events, you will want to discuss and describe what you have done and seen. To do this, you need two different forms of the past tense, the **imperfetto** (*imperfect*) and the **passato prossimo** (*near past*). The **passato prossimo** tense is discussed later in the chapter.

The **imperfetto** refers to an action not necessarily completed, an imperfect action, if you will. It is often descriptive. It answers the questions: "What was going on?" "What did you use to do?" "What was something or someone like?" The **imperfetto** is also used to refer to weather (**faceva bel tempo**, *the weather was fine*) and time (**erano le due**, *it was 2 A.M.*), and to discuss physical and emotional states of being (**era giovane**, *he was young*; **aveva fame**, *she was hungry*; **adorava cantare**, *he loved to sing*). If someone was rich, poor, hungry, sleepy, thirsty, happy, sad, in love, out of love, tall, short, or a certain age, then you use the imperfect to say so. Often these tenses express nuance: **ho conosciuto Mario** (**passato prossimo**) means *I met or was introduced to Mario*, whereas **conoscevo Mario** (**imperfetto**) means *I knew Mario*.

The formation of the imperfect is the most regular of any tense in Italian. From the infinitive, simply drop the last two letters, **re**. Then add the subject-determined endings, which are the same for all three conjugations.

	parlare	**scrivere**	**capire**
io	parla**vo**	scrive**vo**	capi**vo**
tu	parla**vi**	scrive**vi**	capi**vi**
lui, lei	parla**va**	scrive**va**	capi**va**
noi	parla**vamo**	scrive**vamo**	capi**vamo**
voi	parla**vate**	scrive**vate**	capi**vate**
loro	parla**vano**	scrive**vano**	capi**vano**

Nothing could (or will) be simpler. See Appendix B for conjugations of both regular and irregular verbs in the imperfect tense.

Written Practice 7-2

Translate sentences 1–5 from Italian to English, and sentences 6–15 from English to Italian. You can check your answers against the Answer Key.

1. Pavarotti era unico. _____

2. I biglietti costavano sempre moltissimo. _____

3. Non mi piaceva l'opera quando ero giovane. _____

4. Lui era ricco e triste. _____

5. Emilio mangiava male. _____

6. It was cold. _____

7. He used to write poetry. _____

8. We always were hungry. _____

9. Mondays, we ate in the garden. _____

10. She was rich and happy. _____

11. She was listening to the opera. _____

12. While I was reading, . . . _____

13. . . . the children were looking for the cat. _____

14. Every Saturday we went to the park. _____

15. They were studying Italian. _____

Describing a Performance

 TRACK 7

Jake and Beatrice are going to a late dinner after having been to a production of *La Bohème*. As they walk to the restaurant, they talk about the story line and describe the characters. Why are some operatic characters stereotypical?

BEATRICE: Che bella produzione! Mi è piaciuto il tenore, ma avevi ragione. Non era Pavarotti. La scenografia ed i costumi erano splendidi. Povera Mimi. Era così dolce e così ammalata.

What a beautiful production! I liked the tenor, but you were right. He wasn't Pavarotti. The staging and costumes were splendid. Poor Mimi. She was so sweet and so ill.

JAKE: E povero Rodolfo. Per lui, Mimi e l'amore erano immortali.

And poor Rodolfo. For him, Mimi and love were immortal.

BEATRICE: Era proprio triste, al solito. Ho visto «La Bohème» molte volte e mi fa sempre piangere.

It was truly sad, as usual. I have seen La Bohème many times and it always makes me cry.

JAKE: Sì, fa piangere il cuore.

Yes, it makes your heart weep.

BEATRICE: Sono interessanti gli altri personaggi, anche se stereotipati.

The other characters are interesting, if stereotypical.

JAKE: Ma certo. Sono stereotipati perchè hanno le origini nella commedia dell'arte dove tutti i personaggi erano tipi, o maschere; cioè rappresentavano una caratteristica umana.

Of course. They are stereotypical because they originated in the commedia dell'arte where all the characters were types, or masks; that is, they represented a human characteristic.

BEATRICE: Se non sbaglio, Shakespeare usava spesso questi personaggi.

If I'm not mistaken, Shakespeare used these characters often.

JAKE: È vero, ma lui trasformava questi caratteri in personaggi più universali. Per questo continuiamo a leggere e vedere i drammi di Shakespeare. La commedia dell'arte è vista raramente oggi giorno.

It's true, but he changed the characters into more universal people. For that reason we continue to read and see Shakespearean dramas. The commedia dell'arte is rarely seen these days.

CULTURE DEMYSTIFIED

The *commedia dell'arte*

The **commedia dell'arte**, the iconographic theater of the Counter-Reformation, depicted stereotypical Italians of the era, always humorously, sometimes viciously. A reaction to erudite or written drama, it had as its goals the amusement of the public, commentary, and, not incidentally, professionalism. Professional actors and actresses, theatrical companies, repertory theaters, the first in all Europe, were the sine qua non of the **commedia**. The salient and unique characteristic of the **commedia dell'arte** was its improvisational nature. There were no scripts. That notwithstanding, this ephemeral theater of the **Cinquecento** (*sixteenth century*) exercised a formidable influence on the best playwrights of the era— Ben Jonson, Shakespeare, Molière, for example—and on comic and serious opera. The iconography and the satire of the **commedia dell'arte** were truly products of their own era; they survived neither the Alpine nor the Channel crossing. Visual representations of **commedia** characters include the mezzotint pieces by Maurice Sand and the caricatures that made Enrico Caruso, an artist before he was a tenor, famous.

Dialogue Review 7-2

There are at least fifteen cognates in this dialogue. Can you find at least ten? Listen to the dialogue again if you need to.

1. _____   6. _____
2. _____   7. _____
3. _____   8. _____
4. _____   9. _____
5. _____   10. _____

Giving an Opinion

 TRACK 8

Listen to the conversation between Jake and Beatrice. Pause and repeat each sentence. Jake and Beatrice are in a restaurant that caters to the after-theater crowd.

When he delivers their food, the waiter overhears them and jumps into the conversation.

BEATRICE: Per me, è sempre interessante il ruolo di Mimi.

For me, the role of Mimi is always interesting.

JAKE: Perchè?

Why?

BEATRICE: Perchè è un ruolo difficile. Lei deve essere dolce e innocente, anche ingenua, e allo stesso tempo, forte.

Because it's a difficult role. She has to be sweet and innocent, even ingenuous, and at the same time strong.

JAKE: Ma questa Mimi non era forte. Mi sembrava un po' sciocca.

But this Mimi wasn't strong. She seemed to me a little silly.

CAMERIERE: Ecco signori, gli antipasti. Per la signora, la terrina di verdura; per il signore, il salmone affumicato. Avete scelto un primo?

Here you are, sir and madame, the antipastos. For the lady, vegetable terrine; for the gentleman, smoked salmon. Have you chosen a first course?

BEATRICE: Non mangio il primo stasera, ma per secondo vorrei il coniglio farcito alle erbe aromatiche e un'insalata verde.

I'm not eating a first this evening, but as a second I would like the stuffed rabbit with aromatic herbs and a green salad.

JAKE: Io invece vorrei i rognoncini di vitello e patate al forno. Niente insalata per me.

I, on the other hand, would like the veal kidneys and oven-roasted potatoes. No salad for me.

CAMERIERE: Non ho potuto fare a meno di ascoltare; vi è piaciuta l'opera?

I couldn't not hear; did you like the opera?

JAKE: Sì, ma non mi è piaciuta la voce di Mimi. Era un po' debole.

Yes, though I didn't like Mimi's voice. It was a little weak.

CAMERIERE: Certo che Mimi è debole. Muore...

But of course Mimi is weak. She is dying. . . .

JAKE: Musetta, invece, era bravissima.

Musetta, on the other hand, was very good.

BEATRICE: E il ruolo di Musetta richiede una voce molto forte.

And Musetta's role needs a very strong voice.

CAMERIERE: Ed il tenore? È giovane e non ha mai cantato qui. Lo chiamano "il nuovo Pavarotti."	*And the tenor? He's young and has never sung here. They call him "the new Pavarotti."*
BEATRICE: Mio marito ed io ne abbiamo appena parlato. E in fin dei conti, lui era bravo. Ma non era certo Pavarotti.	*My husband and I just had this discussion. And in the end, he was good. But, really, he wasn't Pavarotti.*
JAKE: Come dice Lei, però, è giovane. E ha dimostrato un grande talento. Chissà? Un giorno...	*As you said, however, he is young. And he showed great talent. Who knows? One day . . .*
CAMERIERE: Mi fa piacere sentire questo perchè lui è un mio cugino.	*It pleases me to hear this because he is a cousin of mine.*

Dialogue Review 7-3

Answer the following questions in complete sentences. Be sure to use **imperfetto** or the **passato prossimo** correctly in your answers. You can check your answers against the Answer Key.

1. Cosa hanno mangiato Jake e Beatrice? _____

2. A loro è piaciuta l'opera? _____

3. Secondo Jake, com'era Mimi? _____

4. Il tenore ha cantato bene? _____

5. Perchè era contento il cameriere? _____

USING ADJECTIVES TO DESCRIBE AN EVENT

In Chapter 2, you learned how to use adjectives to describe appearance and personality. Here are some additional words you can use to describe events. Remember, adjectives need to agree in gender and number with the nouns they modify.

bravo!	*great!*	interessante	*interesting*
comico, buffo, divertente	*funny*	noioso	*boring*
esaurito	*sold out*	pessimo	*awful*
triste, tragico	*sad*	stonato	*off-key*
fantastico, meraviglioso	*marvelous*		

VOCABULARY DEMYSTIFIED

Commentary at an Opera

Bravo!	*Bravo!*
La commedia é stupenda.	*Terrific production.*
Hai un fazzoletto?	*Do you have a handkerchief?*
Sono amanti, sai?	*They're lovers, of course.*
Canta meglio di _____.	*He (she) sings better than* _____.
fischi	*loud whistles* (a sign of disapproval at Italian events)
Bis!	*Encore!*

Standing in a long line at the ticket office at the Palermo opera house, a friend was startled to hear a very loud engine revving up behind her. The sound came from a bright red Lamborghini driven by the tenor du jour, who wanted to get through the line to the stage door. As the people moved aside, one muttered: **Che la voce sia bella come la macchina!** *(Let's hope the voice is as beautiful as the car!)*

Written Practice 7-3

What do Jake and Beatrice say about the production, the singers, and the story line? Use each adjective at least once. Pretend you are writing a brief review.

_____

_____

_____

_____

Speaking About the Past with the *passato prossimo*

To answer the question "What happened?" you must use the **passato prossimo**. This is a compound verb form: that is, it is made up of a conjugated helping verb—either **essere** or **avere**—and a past participle. You already know how to conjugate

essere and **avere**. To form the past participle, remove the characteristic **-are, -ere,** and **-ire** endings from the infinitives; replace them with **-ato, -uto,** or **-ito**. That's easy. However, a great many **-ere** verbs have irregular past participles: **scrivere**, for example, becomes **scritto** (*written*), and it's best to learn these individually. See Appendix B for conjugations of some of the verbs used in this book, but here are some examples:

Infinitive	Past participle	Infinitive	Past participle
andare	andato	finire	finito
avere	avuto	parlare	parlato
cantare	cantato	ripetere	ripetuto
capire	capito	sapere	saputo
dormire	dormito		

Past participles are verb forms, but they are frequently used as adjectives. When used as adjectives, they agree in number and gender with the nouns they modify: **un dialogo parlato** (*a spoken dialogue*), **una parola scritta** (*a written word*). Deciding when to use which helping verb depends on whether the verb being used can take a direct object; if so, then **avere** is the helping verb, as in the following examples:

ho parlato	*I have spoken, I spoke*
hai avuto	*you have had, you had*
ha comprato	*he (she) has bought, he (she) bought*
abbiamo mangiato	*we have eaten, we ate*
avete dormito	*you have slept, you slept*
hanno preparato	*they have prepared, they prepared*

For verbs that cannot take an object, **essere** is the helping verb, and the participle agrees with the subject in number and gender. As a general rule of thumb, verbs that express motion, or cessation of motion, conjugate with **essere**.

sono andato, -a	*I have gone, I went*
sei andato, -a	*you have gone, you went*
è andato, -a	*he (she) has gone, he (she) went*
siamo andati, -e	*we went, we have gone*
siete andati, -e	*you have gone, you went*
sono andati, -e	*they have gone, they went*

Nuances

Use of the **imperfetto** or the **passato prossimo** can change the meaning of verbs. Two of the most common, and most useful, nuances to keep in mind are the following. **Sapere** means *to know how to do something*: in the **imperfetto (sapevo)**, it means *I knew how to . . .* ; in the **passato prossimo (ho saputo)**, it means *I found out. . . .*

The other verb meaning *to know*, **conoscere**, refers to people and places. In the **imperfetto (conoscevo)**, it means *I knew someone*; in the **passato prossimo (ho conosciuto)**, it means *I met someone,* or *I was introduced to someone.* For example:

Lui sapeva cucinare.	*He knew how to cook.*
Lui ha saputo cucinare.	*He found out how to cook.*
Conoscevo lui da anni.	*I knew him for years.*
Ho conosciuto lui ieri.	*I met him yesterday.*

Thus, you would say: **Ieri sono andato (andata) in centro**; **abbiamo mangiato bene** (*Yesterday I went downtown; we ate well*). Even though the object isn't stated, **mangiare** can take an object and thus conjugates with **avere**.

Finally, it is important to know that **avere** and **essere** conjugate with themselves only. **Io sono stato (stata)**, but **Io ho avuto.**

Written Practice 7-4

Translate sentences 1–5 from Italian to English, then sentences 6–15 from English to Italian. You can check your answers against the Answer Key.

1. Ieri le bambine sono andate a scuola. _____

2. Ho comprato i biglietti. _____

3. Lui ha pranzato con gli amici. _____

4. Abbiamo parlato con Franco ieri. _____

5. Le donne sono arrivate alle 8,00 (otto). _____

6. Did he understand? _____

7. We went to *La Bohème*. _____

8. It was beautiful weather yesterday. _____

9. The child was ten years old. _____

10. I was not happy. _____

11. When he sang, she cried (**piangere**: **pianto**). _____

12. They left Monday. _____

13. Mario, did you (**tu**) eat the cookies? _____

14. We were at home. _____

15. Children, where did you go? _____

Oral Practice 7-1

 TRACK 9

Listen to the short story, reading along as you do. Then answer questions 1–4 using the **imperfetto**, and questions 5–8 using the **passato prossimo**. You can check your answers on the CD.

C'era una ragazza molto bella. Si chiamava Cenerentola. Abitava con due brutte sorellastre (*stepsisters*). Un giorno hanno ricevuto un invito a un ballo che dava il re. Il re voleva trovare una moglie per suo figlio, il principe. Le sorellastre sono andate al ballo. La bella ragazza voleva andare, ma non aveva un vestito. Tutt'ad un tratto è arrivata una buona fata; e ha mandato la bella ragazza al ballo con un bel vestito bianco ed oro. Il principe si è innamorato subito di Cenerentola. Ma lei è andata via a mezzanotte. Il principe cercava, cercava, cercava Cenerentola e finalmente ha trovato la bella ragazza, grazie a una scarpetta di cristallo. Ha sposato Cenerentola ed erano tutt'e due molto felici.

1. Com'era Cenerentola?

2. Com'erano le sorellastre?

3. Com'era il vestito di Cenerentola?

4. Cosa ha fatto il principe quando Cenerentola è andata via?

5. Cosa hanno ricevuto dal re?

6. Chi ha dato il vestito a Cenerentola?

7. A mezzanotte, cosa ha fatto Cenerentola?

8. Chi ha sposato il principe?

Daily Journal: Directed Writing

This short journal entry should be written daily, until the vocabulary and forms become natural to you. Pay attention to this journal reading, since there are new entries.

Oggi è _____, il
  (l') _____ _____.

Fa _____ tempo. Ieri _____.

Oggi vorrei _____. Ieri _____.

Come sono io? Sono _____, _____,
  _____.

Da bambino (-a) _____ intelligente e simpatico (-a).

Mangio a (alle) _____.

La mia famiglia è _____.

Oggi _____.

Ieri era (*Yesterday was*) _____ (giorno—*day*).

(*I ate*) _____ in un ristorante piccolo (*in a small restaurant*).

QUIZ

Answer the following questions about the dialogues. Listen to the dialogues again before you begin.

1. I biglietti di palco erano cari? _____

2. Il teatro sperimentale dava un'opera o un dramma? _____

3. Quale drammaturgo inglese usava spesso personaggi dalla commedia dell'arte nelle sue opere? _____

4. Dove hanno mangiato Jake e Beatrice dopo l'opera? _____

5. Cosa ha detto il cameriere? _____

The following questions are about you. Answer using complete sentences. You can check the Answer Key for sample responses.

6. Hai mai visto «La Bohème»? _____

7. Da bambino (bambina), studiavi volentieri? _____

8. Sei andato (andata) in Italia? _____

9. Quale città in Italia vorresti visitare? _____

10. Quanti anni avevi quando sei andato (andata) a scuola? _____

CHAPTER 8

Outdoor Activities

In this chapter you will learn:

Visiting Gardens and Villas
The Impersonal si *and the Reflexive* si
Visiting Etruscan Sights
Using Contractions
Using Prepositions
Looking at Architecture
Getting Directions

Visiting Gardens and Villas

 TRACK 10

Listen to the dialogue, pausing after each sentence and repeating it. Beatrice and Jake are planning a day touring villas and gardens on the outskirts of Florence. Where do they end up going?

129

BEATRICE: Hai notato che ci sono mazzi di erbe aromatiche dal fruttivendolo?

Have you noticed that there are bouquets of herbs at the greengrocer's?

JAKE: Sì, ci sono sempre salvia, rosmarino, basilico e altre erbe.

Yes, there are always sage, rosemary, basil, and other herbs.

BEATRICE: Si usa il basilico non solo per cucinare. Ho visto del basilico—la pianta—in cucina. Dopo avere preparato il pesce, ad esempio, si usa per togliere l'odore dalle mani.

They use basil not just in the kitchen. I have seen basil—the plant—in kitchens. After having prepared fish, for example, they use it to remove the smell from their hands.

JAKE: È molto intelligente. Però, i giardini che visitiamo sono proprio enormi. Tutte le ville medicee hanno dei giardini spettacolari.

That's very smart. The gardens that we are visiting, however, are truly huge. All the Medici villas have spectacular gardens.

BEATRICE: Invece di visitare le ville medicee, cosa che abbiamo già fatto, perchè non andiamo a Stia. C'è il Palagio Fiorentino con dei bei giardini.

Instead of visiting the Medici villas, which we have already done, why don't we go to Stia. There's the Palagio Fiorentino with some beautiful gardens.

JAKE: No, è chiuso. È aperto soltanto da giugno a settembre. Ed il Parco Demidoff è anche chiuso. Ci sono andato una volta per una festa. Là si trova quella statua enorme—come si chiama?—l'Appenino, di Giambologna.

No, it's closed. It is only open from June to September. And the Parco Demidoff is also closed. I went there once for a party. That's where that enormous statue is—what's its name?—l'Appenino by Giambologna.

BEATRICE: Per le nozze di Graziana andiamo alla Villa Medicea la Ferdinanda. Perchè non torniamo al Giardino di Boboli. C'è la grotta; ci sono i giardini segreti, i cipressi. Insomma, c'e tanto da vedere. È uno dei più grandiosi giardini d'Italia.

For Graziana's wedding we're going to the Medici Villa la Ferdinanda. Why don't we go back to the Boboli Gardens. There's the grotto; and there are the secret gardens, the cypress trees. In short, there's so much to see. It's one of the biggest gardens in Italy.

JAKE: Va bene. E possiamo fare una passeggiata dopo, al Piazzale Michelangelo.

OK. And we can take a walk after, to the Piazzale Michelangelo.

BEATRICE: Uffa! Se ce la faccio...

Whew! If I can manage it . . .

Dialogue Review 8-1

Answer the following questions about Jake and Beatrice's plans. If you need to, listen to the dialogue a second time. Pause after each sentence and repeat. You can check your answers against the Answer Key.

1. Dal fruttivendolo si trovano mazzi di che cosa? _____

2. Per che cosa si usa il basilico? _____

3. Jake e Beatrice hanno già visitato le ville medicee? _____

4. Dov'è la statua colossale dell'Appenino? _____

5. Dove hanno deciso di andare? _____

The Impersonal *si* and the Reflexive *si*

You have seen the impersonal **si** several times thus far. Its closest equivalent in English would be *one* or *they*. **Si parla inglese**, often on a small sign in shop windows, means *English spoken (One speaks English)*. **Si dice** would be *They say*. And the ubiquitous **Non si fa**, often heard directed to small children, means *One does not do that*.

The other common use of **si** is found in reflexive verbs. These verbs conjugate as any other verbs, but they take an additional pronoun between the subject pronoun and the verb. You have been using the reflexive **chiamarsi** *(to be called, to be named, to call oneself)* since Chapter 1. It conjugates as follows:

io **mi** chiamo	*my name is*	noi **ci** chiamiamo	*our name is*
tu **ti** chiami	*your name is*	voi **vi** chiamate	*your name is*
lui (lei) **si** chiama	*his (her) name is*	loro **si** chiamano	*their name is*
Lei **si** chiama	*your (formal) name is*	Loro **si** chiamano	*your (formal) name is*

Examples might include:

Come ti chiami?	*What is your name?*
Come si chiama il ragazzo?	*What is the boy's name?*
Ci chiamiamo Bertoli.	*Our name is Bertoli.*
Mi chiamo Elisabetta.	*My name is Elizabeth.*

Many verbs that are reflexive in Italian are not necessarily reflexive in English. The following reflexive verbs can help get you through the day.

addormentarsi	*to go to sleep*	lavarsi	*to wash , to bathe*
alzarsi	*to get up*	pettinarsi	*to comb one's hair*
divertirsi	*to have fun*	svegliarsi	*to wake up*
mettersi	*to put on (clothing)*		

Written Practice 8-1

Translate the following sentences from Italian to English. You can check your answers against the Answer Key.

1. Normalmente mi sveglio alle 5,00. _____
2. A che ora ti alzi? _____
3. Mi lavo i denti. _____
4. Si pettina. _____
5. Si mette una cravata. _____
6. Ci divertiamo moltissimo con loro. _____
7. Vi addormentate presto. _____
8. I bambini si lavano le mani prima di mangiare. _____

Written Practice 8-2

 TRACK 11

Respond to the following questions, paying close attention to the verbs. Are they in the present, the passato prossimo, or the imperfetto? You can check your answers against the Answer Key and on the CD.

1. Che c'è da vedere al Giardino di Boboli? _____
2. Hai mai visto un giardino formale? _____
3. Ti piace lavorare in giardino? _____
4. Ci sono giardini famosi negli Stati Uniti? _____
5. Si usa basilico molto nella cucina italiana? _____

CULTURE DEMYSTIFIED

Villas

A **villa** refers to a large country house. The most famous, of course, are the villas of the Medici family and those designed by Andrea Palladio in the Veneto region. There are also many family holdings, those of the Gonzaga, the Sforza, the Montefeltro, and the Este. Often they have gorgeous artworks, since the families were patrons of the arts. And not to be ignored are the ancient Roman villas like that of Hadrian near Rome. Many, if not almost all, have beautiful formal gardens. In Italy, there are more than 1,200 villas, **palazzi** (*palaces*), and **castelli** (*castles*) open to the public. Some have been converted into hotels; others are museums.

6. Che cosa non si fa in chiesa? _____

7. Cosa hai fatto ieri? _____

8. Eri un bambino (una bambina) felice? _____

9. A che ora ti alzi di solito? _____

10. Ti piace fare un picnic? _____

Visiting Etruscan Sights

 TRACK 12

Listen to the following dialogue among Jake, Beatrice, and Graziana. Pause after each sentence and repeat. Then answer the questions that follow. Check your answers against the Answer Key. Graziana has spent the day being Jake and Beatrice's guide to various Etruscan sites.

JAKE: Grazie infinite, Graziana, per essere venuta con noi oggi.

Thanks so much, Graziana, for having come with us today.

GRAZIANA: Figurati, Jake. Io avevo proprio bisogno di scappare per un po'. Non ne potevo piu! Ormai tutto è preparatissimo per le nozze. E volevo vedere voi due.

Please, Jake. I needed to escape for a while. I couldn't stand it anymore! Everything is super-prepared for the wedding. And I wanted to see you two.

JAKE: Grazie a te, abbiamo potuto visitare la tomba «La Montagnola». Non la conoscevo.

Thanks to you, we were able to visit the Montagnola tomb. I didn't know about it.

GRAZIANA: Sai che il padre di una mia cara amica ha scoperto quella tomba.

You know that the father of a dear friend discovered that tomb.

BEATRICE: Davvero?

Really?

GRAZIANA: Sì, lui è architetto ma è molto appassionato di archeologia.

Yes, he's an architect but he's very passionate about archeology.

JAKE: La cosa più interessante per me è che quella tomba rispecchia la tomba di Atreo. Ovviamente gli Etruschi hanno viaggiato e hanno imparato molto dalle culture del Medio Oriente e della Grecia.

The most interesting thing for me is that that tomb is a mirror image of the Treasury of Atreus. Obviously the Etruscans traveled and learned much from the cultures of the Middle East and Greece.

BEATRICE: Per me la cosa etrusca più commovente è la chimera di Arezzo al Museo Nazionale Archeologico di Firenze.

For me, the most moving Etruscan piece is the Chimaera of Arezzo at the National Archeological Museum in Florence.

JAKE: Sono d'accordo. Era un mostro, ma quella statua ha un aspetto— non lo so—quasi umano. Si vede che la chimera è ferita, sta per morire; e sembra triste.

I agree. It was a monster, but that statue seems—I don't know— almost human. You can see that the Chimaera is wounded, about to die; she seems sad.

GRAZIANA: Molte persone sono d'accordo con te. Ho un'altra amica americana che, la prima volta che ha visto la chimera, ha cominciato a piangere. Lei va a vedere la chimera ogni volta che si trova a Firenze.

Many people agree with you. I have another American friend who began to cry the first time she saw the Chimaera. She visits the Chimaera every time she's in Florence.

BEATRICE: Hai mai sentito parlare della sindrome di Stendhal? Capita quando hai visto troppa bellezza, per così dire. È una vera malattia.

Have you ever heard tell of the Stendhal syndrome? It affects you when you have seen too much beauty, as it were. It's a real disease.

GRAZIANA: Bene, a Firenze è un vero rischio.

Well, in Florence it's a real risk.

Dialogue Review 8-2

Listen to the dialogue again and then answer the questions. You can check your
answers against the Answer Key.

1. Perchè Graziana voleva scappare ? _____
2. Dove sono andati gli amici? _____
3. Chi ha scoperto la tomba La Montagnola? _____
4. Gli etruschi erano viaggiatori? _____
5. Cos'è la chimera? _____
6. Hai mai sofferto dalla sindrome di Stendhal? _____

Using Contractions

All through the book you have seen, heard, and probably used—without thinking
about it—contractions. These give fluidity to the language by combining prepositions with the definite articles (see Chapter 1). The most common forms are:

Articles and prepositions	il	l'	lo	i	gli	la	le
a (*at, to, in*)	al	all'	allo	ai	agli	alla	alle
con (*with*); somewhat archaic, but still used	col	coll'	collo	coi	cogli	colla	colle
da (*from*)	dal	dall'	dallo	di	dagli	dalla	dalle
di (*of*); becomes **de** to combine	del	dell'	dello	dei	degli	della	delle
in (*in, to*); becomes **ne** to combine	nel	nell'	nello	nei	negli	nella	nelle
su (*on, about*)	sul	sull'	sullo	sui	sugli	sulla	sulle

When the preposition **di** combines with an article, it doesn't mean simply *of the*;
it is also used to mean *some*, as in **degli amici** (*some friends*), **del vino** (*some wine*),
delle ragazze (*some girls*), **dei vestiti** (*some dresses*).

Using Prepositions

Without a doubt, the hardest thing in any language is the preposition. Prepositions are, or seem to be, idiosyncratic. They don't seem to follow rules; the same preposition can have several different meanings; and, in Italian, prepositions combine with articles, *if* the phrase you're constructing needs an article.

The following phrases show some of the uses of various prepositions.

A

To go to a city, you use **a**:

Io vado **a** Roma.	*I am going to Rome.*
Tu vai **a** Firenze.	*You are going to Florence.*

To go to a country, or to a large island, you use **in**:

Io vado **in** Italia.	*I am going to Italy.*
Tu vai **in** Francia.	*You are going to France.*
Lui va **in** Sicilia.	*He is going to Sicily.*

To go to a country, or to a large island, when that place is described by an adjective, you use a contracted form of **in** + the article:

Io vado **nell'**Italia centrale.	*I am going to central Italy.*
Tu vai **nell'**Africa equatoriale.	*You are going to Equatorial Africa.*
Lei va **negli** Stati Uniti.	*She is going to the United States.*

IN

Frequently **in** takes no article. It is used to indicate means of transportation as well as simply *in* or *to*.

I ragazzi vanno **in** treno.	*The kids are going by train.*
Io vado **in** bicicletta.	*I'm going by bike.*
Lui va **in** ufficio.	*He is going to the office.*
Io lavoro **in** giardino.	*I am working in the garden.*
Noi andiamo **in** chiesa la domenica.	*We go to church every Sunday.*

DA

For more information on **da**, see Chapter 1.

Do not worry about making mistakes with prepositions, using them as you might in English, or forgetting which one to use. These little words are the subject of entire books, and even then, depending on location or the age of the speaker, they might change meaning.

Oral Practice 8-1

 TRACK 13

Listen to the following questions. Read along, or not, as you prefer. You might listen to the questions first, and then read the written forms only if you didn't understand everything. You can check your answers against the Answer Key and on the CD.

1. Quali sono tre erbe aromatiche?
2. Ci sono molte ville storiche in Italia?
3. Invece di visitare le ville medicee, dove sono andati Jake e Beatrice?
4. Cosa fa il signore che ha scoperto la tomba etrusca?
5. Gli Etruschi hanno copiato o imitato altre culture?
6. La chimera era gentile e dolce?
7. Hai mai visitato una tomba etrusca?
8. Dove si trovano erbe aromatiche?

Looking at Architecture

 TRACK 14

Listen to the following dialogue between Jake and Beatrice. Pause after each sentence and repeat. Then answer the questions that follow. You can check your answers against the Answer Key.

BEATRICE: L'architettura fiorentina è proprio rinascimentale.

Florentine architecture is truly Renaissance.

JAKE: Però, si possono vedere livelli diversi di civiltà e di architettura. L'anfiteatro romano, o una parte, è sempre visibile vicino a Santa Croce.

You can see, though, the different levels of civilizations and architecture. The Roman amphitheater, or a part of it, is still visible near Santa Croce.

BEATRICE: Hai mai visitato Lucca, Jake? C'è un anfiteatro romano che è ovale, con edifici più moderni che "crescono" dalle mura.

Have you ever visited Lucca, Jake? There is a Roman amphitheater that is oval, with more modern buildings that "grow out of" the walls.

JAKE: A me piace l'architettura del Rinascimento. Quando abbiamo visitato il Palazzo Strozzi, ad esempio, ho potuto immaginare il potere della famiglia.

I like Renaissance architecture. When we visited the Palazzo Strozzi, for example, I could feel the family's power.

BEATRICE: Io ho sempre pensato al Palazzo Strozzi come al "Darth Vader" dei palazzi. È forte, scuro, elegante, e ben costruito, solido. Tu sai che ci lavoravo; usavo una delle biblioteche.

I have always thought of the Palazzo Strozzi as the "Darth Vader" of palaces. It's strong, dark, elegant, and very well constructed, solid. You know that I used to work there; I used one of the libraries.

JAKE: No, non lo sapevo. Dopo tanti anni continuo a scoprire cose nuove di te. Ciò che mi piace qui in Italia è che non distruggono gli edifici antichi.

No, I didn't know that. After so many years I continue to learn new things about you. What I like here in Italy is that they don't destroy old buildings.

BEATRICE: La casa di Paolo si trova in un edificio costruito nel '300.

Paolo's house is in a building constructed in the 1300s.

JAKE: Per andare dalla casa di Paolo, cioè dal Ponte Vecchio, al Duomo, dove andiamo?

To go from Paolo's house, that is, from the Ponte Vecchio, to the cathedral, where do we go?

BEATRICE: È semplice. Andiamo sempre diritto. Passiamo il Porcellino e la piazza della Repubblica, e poi a destra c'è il Duomo.

It's easy. We go straight ahead. We go by the Porcellino statue and the Piazza della Repubblica and then, to the right, is the cathedral.

JAKE: E dopo, per andare al Mercato Centrale?

And then, to get to the central market?

BEATRICE: Il mercato non è molto lontano. Dal Duomo giriamo a destra e seguiamo via de' Martelli fino alla piazza San Lorenzo. Poi giriamo a sinistra e passiamo per il Mercato di San Lorenzo. Dopo un po' arriveremo al Mercato Centrale. Il mercato, con due piani e l'architettura moderna, è difficile perdere.

The market isn't very far. From the cathedral we turn right and follow Via de' Martelli to the Piazza San Lorenzo. Then we turn left and go through the San Lorenzo market. After a little, we will arrive at the central market. The market, with its two stories and modern architecture, is hard to miss.

JAKE: Siamo fortunati, sai? Abbiamo visto la storia.

We're lucky, you know? We have seen history.

BEATRICE: E abbiamo passeggiato per tutta la città, almeno per la parte storica.

And we have strolled through all the city, or at least the historic part.

Dialogue Review 8-3

Listen to the dialogue again before answering the following true–false (**vero–falso**) questions. You can check your answers against the Answer Key.

_____ 1. L'anfiteatro a Firenze è ovale.

_____ 2. Il Mercato Centrale è vicino al Duomo.

_____ 3. A Jake piace il Palazzo Strozzi.

_____ 4. Beatrice lavorava a Fiesole.

_____ 5. Jake e Beatrice si considerano fortunati.

CULTURE DEMYSTIFIED

Specialized Travel in Italy

One can visit Italy in a very "specialized" way. There are Etruscan, Roman, Medieval, Renaissance, Baroque, and other cities and places to see. The works of specific artists can lead you all around the peninsula: Consider the Piero della Francesca trail, which Jake and Beatrice will follow, from Arezzo to Monterchi to San Sepolcro to Urbino and back to Florence. You can also take a tasting tour, going from one end of the peninsula to the other.

Getting Directions

The best thing to do when asking for directions is to have at hand a map of the area you are visiting. Then you can begin with **Siamo qui** (*We are here*). From your starting point, you can follow what someone tells you on the map. The vocabulary for directions can be reduced to very few words. Don't forget the most important words: **per favore** (*please*) and **grazie** (*thank you*).

Dov'è...?	*Where is . . . ?*
È lontano (vicino)?	*Is it far (near)?*
È molto lontano. Deve prendere l'autobus numero 14a.	*It's very far. You must take bus number 14a.*
La fermata dell'autobus è qui vicino.	*The bus stop is near here.*
Deve girare a destra (a sinistra) in via Tornabuoni.	*You must turn to the right (to the left) on Tornabuoni Street.*
Vada sempre dritto.	*Go straight ahead.*

Written Practice 8-3

You are planning two weeks in Italy. Fill in the blanks in the following itinerary. Find train schedules. Find hotels. List one thing to do or see each day. If you need information, check Appendix A: Resources. Consider day trips out of the major cities.

Giorno e data	Città	Hotel	Da vedere o da fare
Venerdì, il 2 maggio	Roma	_____	_____
_____	Roma	_____	_____
_____	Roma	_____	_____
_____	Roma	_____	_____
_____	Arezzo	_____	_____
_____	Arezzo	_____	_____
_____	Firenze	_____	_____
_____	Firenze	_____	_____

_____	Firenze	_____	_____
_____	Firenze	_____	_____
_____ *	Firenze	_____	_____
_____	Marzabotto	_____	_____
_____	Milano	_____	_____
_____	Milano	_____	_____
_____	Milano	_____	_____

(*Mondays museums are closed, but NOT in Fiesole)

Daily Journal: Directed Writing

The journal entries have changed. The new sentences reflect what you have been learning. This exercise should be undertaken daily until the forms and vocabulary become natural.

Oggi è _____. Ieri era _____.

Fa _____ tempo. Ieri _____.

Ieri _____ (*I went*) al Vaticano e alla Basilica di San Pietro (*to the Vatican and St. Peter's*).

_____ (*I saw*) la Pietà di Michelangelo (*Michelangelo's Pietà*). Vorrei (*I would like*) _____ (*to visit*) Cremona.

_____ (*I have*) due settimane di vacanze (*two weeks of vacation*).

L'anno scorso (*Last year*) _____ (*I visited*) un amico in Italia (*a friend in Italy*).

QUIZ

Respond to the following questions with complete sentences. You can check your answers against the Answer Key.

1. Durante le vacanze, dove sono andati Jake e Beatrice? _____

   _____

2. Hanno visitato Roma? _____

3. Quando si sposano Graziana e Paolo? _____

   _____

4. Perchè è famosa Marzabotto? _____

5. Quando si soffre dalla sindrome di Stendhal? _____

   _____

6. Hai mai visitato Marzabotto? _____

7. Com'è il Palazzo Strozzi? _____

8. Per che cosa si usa il basilico? _____

9. Dove lavorava Beatrice? _____

10. Come si arriva al Mercato Centrale se si trova al Duomo? _____

    _____

CHAPTER 9

Private and Public Celebrations

In this chapter you will learn:

Going to a Wedding
Talking About Family
The Future Tense
At a Festival
Expressing this *and* that *with* questo *and* quello
A Holiday Gathering

Going to a Wedding

 TRACK 15

Listen to the following dialogue between Beppe and Marisa. They and the girls are at a small Romanesque church in the countryside. They have just come from Graziana and Paolo's wedding and are about to stroll up the small road lined with olive groves to Villa la Ferdinanda for the wedding dinner.

MARISA: Le olive sono quasi pronte, vedi? Ragazze, non correte nella vigna!

The olives are almost ready, see? Girls, don't run in the vineyard!

BEPPE: Questa vigna è molto bella. Sarà un buon raccolto.

This vineyard is really pretty. It will probably be a good harvest.

MARISA: Speriamo! Graziana era bellissima.

Let's hope! Graziana was gorgeous.

BEPPE: Sì, ed anche tu eri bellissima. Quando hai parlato in chiesa, ho quasi pianto.

Yes, and you were gorgeous, too. When you spoke in the church, I almost cried.

MARISA: Perchè? Ho detto solo che volevo per loro la stessa felicità che noi godiamo.

Why? I just said that I wished for them the same happiness we enjoy.

BEPPE: Ecco perchè. Sono romantico, lo sai.

That's why. I'm a romantic, you know.

MARISA: Tutta la famiglia del babbo di Graziana è venuta. Sapevo che il padre era romano; ma che lui aveva cinque fratelli? Non lo sapevo. In chiesa tutti piangevano.

Graziana's dad's family was there. I knew her father was from Rome; but that he had five brothers? I didn't know that. In church, they were all crying.

BEPPE: Hai parlato con Jake e Beatrice?

Have you talked to Jake and Beatrice?

MARISA: No, parlerò loro stasera. La prossima settimana loro andranno a Sant'Angelo in Vado e ho un amico che lavora all'Istituto Nazionale della Ricerca sul Tartufo.—Sai, a volte mi chiedo che tipo di ragazzi sposeranno le nostre figlie.

No, I'll talk to them this evening. Next week they'll go to Sant'Angelo in Vado and I have a friend who works at the Truffle Research Institute.— You know, sometimes I ask myself what kind of boys our girls will marry.

BEPPE: Le nostre figlie non si sposeranno. Non lo permetterò. Non usciranno, mai, con un ragazzo.

The girls aren't getting married. I won't permit it. They are never going out on dates.

MARISA: Davvero? Sei sentimentale ed autoritario. Quindi vivranno con noi per sempre?

Really? You're sentimental and authoritarian. So they will live with us forever?

BEPPE: Eh...

Uh . . .

MARISA: I fratelli del padre di Graziana erano interessanti. Come si chiamano, ricordi?

The brothers of Graziana's father were interesting. What are their names, do you remember?

BEPPE: Non sono sicuro. Ma quello con la cravatta blu che è molto simpatico è Guido, no? E quello che è un po' grasso si chiama Roberto.

I'm not sure. But that one with the blue tie who is really nice is Guido, right? And that one who is a little chubby is Roberto.

MARISA: Poi, c'è quello con gli occhi verdi, molto bello... si chiama Fausto. Non ricordo i nomi degli altri.

Then there is the one with the green eyes, very handsome . . . his name is Fausto. I don't remember the names of the others.

BEPPE: La madre di Graziana è bellissima, molto elegante.

Graziana's mother is gorgeous, very elegant.

MARISA: Come la figlia.

Like the daughter.

BEPPE: Che bella cosa, la famiglia!

What a beautiful thing, the family!

Dialogue Review 9-1

Respond to the following questions after listening to the dialogue a second time. Check your answers against the Answer Key.

1. Dove sono Beppe e Marisa? _____

2. Da dove viene il padre di Graziana? _____

3. Cosa dice Beppe del futuro di Francesca e Paola? _____

4. Dove andranno Beatrice e Jake la settimana prossima? _____

5. Come sono i fratelli del padre di Graziana? _____

6. Com'è la madre di Graziana? _____

Talking About Family

Family remains an important part of Italian culture. Here are some members of the immediate family:

madre, mamma	*mother*
padre, papà, babbo	*father*
genitori	*parents*
figlio, figlia	*son, daughter*
figli	*children in general*
nonna, nonno	*grandmother, grandfather*
nonni	*grandparents*
sorella, fratello	*sister, brother*
zia, zio	*aunt, uncle*
cugini	*cousins*
parenti	*relatives*

Written Practice 9-1

Identify the relatives described.

1. il padre della mamma: _____
2. la sorella del padre: _____
3. il fratello della madre: _____
4. i genitori del babbo: _____
5. i figli dello zio: _____
6. la figlia del nonno: _____
7. la madre di mia sorella: _____
8. la madre dei cugini: _____

The Future Tense

The future in Italian is generally *not* formed by using *to go* and an infinitive—unfortunately, since this is every beginning language student's friend. The endings for all three conjugations, however, are the same and attach to the infinitive minus its final **e**.

A Wedding Dinner

As in the United States, a wedding dinner can take hours, and might be followed by dancing. There are many toasts. Small bags of **confetti** (*sugared almonds*) are given out as well as gifts to all those present.

While the photographers are busy, one has:

apperitivi e piccoli rustici	*drinks and bite-sized savories*
buffet di antipasti toscani	*a buffet of antipasti*
fettunta alla brace con olio di olivo	*small rounds of bread with olive oil*

A sample menu for the actual dinner might be:

pasta fresca ai porcini	*fresh pasta with porcini mushrooms*
risotto al pescatore	*seafood risotto*
branzino al sale con patate in salsa di capperi	*sea bass in salt with potatoes in caper sauce*
sorbetto al limone	*lemon sorbet*
cosciotto di vitella con verdura e bietole all'agro	*veal roast with vegetables and pickled beets*
macedonia di frutta fresca	*fresh fruit salad*
torta nuziale	*wedding cake*
spumante	*champagne*

After dinner in the ballroom, candies, coffee, and after-dinner liqueurs are offered.

Several commonly used verbs have irregular stems (see Appendix B), and **-are** verbs change the characteristic **a** to **e**, mainly for ease of pronunciation. Notice the stressed final syllable of the first and third person singular forms (**io, lui, lei**).

	parlare (*to speak*)	**scrivere** (*to write*)	**dormire** (*to sleep*)
io	parler**ò**	scriver**ò**	dormir**ò**
tu	parler**ai**	scriver**ai**	dormir**ai**
lui, lei	parler**à**	scriver**à**	dormir**à**
noi	parler**emo**	scriver**emo**	dormir**emo**
voi	parler**ete**	scriver**ete**	dormir**ete**
loro	parler**anno**	scriver**anno**	dormir**anno**

Beppe and Marisa use the future in the preceding dialogue not just to talk about what will happen, but to indicate probability. **Sarà un buon raccolto** (*It will prob-*

ably be a good harvest), says Beppe. Frequently, the double future is used: **Quando arriverò, ti chiamerò** *(When I [will] arrive, I'll call you)*.

Written Practice 9-2

Using the future tense, fill in the verbs in the following short passage. Feel free to check forms in Appendix B if you are unsure of them. Check your answers against the Answer Key.

Le ragazze (1) _____ (andare) all'università ma
(2) _____ (vivere) a casa. Quando
(3) _____ (finire), io (4) _____
(comprare) per loro una casa. Francesca (5) _____
(studiare) la letteratura italiana e Paola (6) _____
(essere) artista.

At a Festival

 TRACK 16

Listen to the following conversation between Jake and Beatrice. Pause after each sentence and repeat. Then answer the questions that follow. Check your answers against the Answer Key.

BEATRICE: Non vedo l'ora di arrivare a Sant'Angelo in Vado. Marisa mi ha dato il nome del direttore dell'Istituto Nazionale per la ricerca sul tartufo. Spero che potremo visitare l'Istituto.

I can't wait to get to Sant'Angelo in Vado. Marisa gave me the name of the director of the National Institute for Truffle Research. I hope we can visit the Institute.

JAKE: E comprerai dei tartufi?

Will you buy truffles?

BEATRICE: Magari! Sono il cibo più caro del mondo!

I wish! They're the most expensive food in the world!

JAKE: Qualche anno fa, c'è stato uno scandalo riguardo ai tartufi. Alcuni cani (i cani che trovano i tartufi) sono state avvelenate.

A few years ago, there was a scandal about truffles. Some of the dogs (the dogs who search out the truffles) were poisoned.

BEATRICE: No! Quei cani sono un vero investimento. C'è anche una scuola per loro, al nord, credo.

No! Those dogs are a real investment. There is even a school for them, up north, I think.

JAKE: A Sant'Angelo in Vado c'è una statua, vicino all'Istituto, di un cane-cacciatore. E c'è una placca che dice: «All'inseparabile compagno della caccia».

In Sant'Angelo in Vado there is a statue, near the Institute, of a hunting dog. And there is a sign that says: "To the inseparable companion of the hunt."

BEATRICE: Leggevi di nuovo la guida?

Were you reading the guidebook again?

JAKE: No, Graziana me l'ha detto questo.

No, Graziana told me this.

BEATRICE: Ci sono moltissime e variate sagre o festival in Italia: c'è una sagra della patata che ricorda questo prodotto indispensabile durante la seconda guerra mondiale; c'è una sagra della bruschetta, dopo la raccolta delle olive; c'è una sagra dell'asparago verde e una del pesce (no—ci sono molte sagre del pesce in varie regioni d'Italia). Le sagre contribuiscono a un senso di identità. Ci sono sagre che festeggiano posti speciali e quelle storiche. Puoi mangiare bene ed imparare allo stesso momento se frequenti le sagre.

There are many and varied festivals in Italy: there is the potato festival, which reminds us of that indispensible World War II produce; there's the bruschetta festival, following the olive harvest; there's one for green asparagus and one for fish (no—there are many festivals for fish in various parts of Italy). Festivals contribute to a sense of identity. There are festivals that celebrate special places and those that are historical. You can eat well and learn at the same time if you go to festivals.

JAKE: Sei contenta quando mangi bene.

You're happy when you're eating well.

BEATRICE: Certo. È normale, no?

Of course. That's normal, right?

JAKE: Dobbiamo ricordare i festival che non festeggiano le tradizioni culinarie. Ad esempio, c'è il festival di due mondi, quello della musica, a Spoleto. C'è il festival a Pesaro, quella città sull'Adriatico che festeggia la musica di Rossini e un altro a Torre del Lago che celebra la musica di Puccini.

We have to remember the festivals that don't celebrate culinary traditions. For example, there's the festival of two worlds, the musical one, at Spoleto. There is a festival in Pesaro, that city on the Adriatic, that celebrates the music of Rossini, and another at Torre del Lago that celebrates the music of Puccini.

BEATRICE: Sai, il mio festival preferito e quello del grillo a Firenze, quello che festeggia la primavera.

You know, my favorite is the cricket festival in Florence, the one that celebrates spring.

JAKE: Ce ne sono tantissime. Come facciamo una scelta?

There are so many of them. How do we choose which ones to go to?

BEATRICE: Be', dato che si festeggiano tutto l'anno e in tutte le parti del paese, dovremo passare più tempo qui.

Well, given that they go on throughout the year, and all over the country, we'll just have to spend more time here.

Dialogue Review 9-2

Respond to the following questions, and then check your answers against the Answer Key.

1. Dove passeranno il giorno Jake e Beatrice? _____

2. Chi è «l'inseparabile compagno della caccia»? _____

3. Hai mai mangiato tartufi? _____

4. Quante sagre ci sono in Italia? _____

5. Tutte le sagre sono culinarie? _____

6. Dove ci sono festival musicali? _____

Expressing *this* and *that* with *questo* and *quello*

The demonstrative pronouns **questo** and **quello** mean *this* and *that*, respectively. They form very differently, however. **Questo** follows all the rules about adjectives; it agrees in number and gender with the words it modifies.

questa casa	*this house*	queste case	*these houses*
questo libro	*this book*	questi libri	*these books*

Quello, however, unless it stands alone and means *that one* or *those*, follows a different pattern. Two other words follow the same pattern, the contracted forms of **di** and the adjective **bello**.

Holidays

Traditional celebrations of international holidays vary from region to region in Italy. In general, you will recognize the standard celebrations of Christmas, Easter, and New Year's. As in the United States, these are national holidays. And you will hear people saying **Buon Natale!** (*Merry Christmas!*) or **Buona Pasqua!** (*Happy Easter!*) or **Buon Anno!** (*Happy New Year!*). They might simply wish each other **Tante belle cose!** (*Many good things!*) or **Auguri!** (*Best wishes!*). Other national holidays include Epiphany (January 6, when gifts used to be exchanged); Easter Monday; Liberation Day (April 25, celebrating the end of World War II); Labor Day (May 1); Ferragosto (August 15, when the traditional month of vacation begins—and *the* day of the year when you do not want to be trying to get somewhere on the freeways or public transportation); All Saints' Day (November 1); the feast of the Immaculate Conception (December 8); and Santo Stefano (December 26). Italy's Roman Catholic roots show in the national calendar of holidays. Everything shuts down on these holidays.

Birthdays are celebrated; but so is the **onomastica** (*saint's day*). (It used to be that you could not receive an official birth certificate if you didn't have a recognized saint's name as part of your name.) Thus, your birthday may be in September, but your saint's day, or name day, can be anytime.

Every town and region publishes holiday calendars, available on Internet sites, and they can be useful when planning a trip.

	il	lo	l'	i	gli	la	l'	le
bello	bel	bello	bell'	bei	begli	bella	bell'	belle
di	del	dello	dell'	dei	degli	della	dell'	delle
quello	quel	quello	quell'	quei	quegli	quella	quell'	quelle

In order to use either **quello** or **bello,** you need to remember the article that the modified noun would take, and then change the adjective accordingly. This becomes natural with practice. For example, consider the following word units:

un bel libro	*a beautiful book*	dei bei libri	*some beautiful books*
un bello studente	*a handsome student*	un bell'uomo	*a handsome man*
dei begli stati	*some beautiful states*		

New Year's Eve, Italian Style

Holidays in Italy are, in general, those known and celebrated throughout the western world. There are traditions and foods associated with them all. New Year's Eve, for example, used to be the time (and still is in some parts of the country) when people threw out the old— literally, threw old things out of the windows into the streets. Depending on when holidays fall, Italians **fanno il ponte**, or *bridge* a long weekend, adding on another day off. An Italian calendar proves useful when traveling so that one isn't taken unaware when the country shuts down for a specifically Italian holiday.

If you change **bello** to **quello**, then you would say:

quel libro	*that book*	quei libri	*those books*
quello studente	*that student*	quell'uomo	*that man*
quegli stati	*those states*		

Both **questo** and **quello** may stand alone, referring to *this one*, *these*, *that one*, or *those*, but they must agree in number and gender with what they are referring to.

Questo libro o quello? Io preferisco questo.	*This book or that one? I prefer this one.*
Questa casa è bella. Quella non mi piace.	*This house is pretty. I don't like that one.*
Quegli studenti sono meravigliosi! Anche questi.	*Those students are marvelous! These, too.*

A Holiday Gathering

 TRACK 17

Listen to the following conversation among the four friends, Beppe and Marisa, Graziana and Paolo. They are celebrating New Year's Eve with dinner at the newly married couple's home (Paolo's old home). Pause and repeat each sentence.

MARISA: Che bella serata! Abbiamo molto da festeggiare quest'anno, no?

What a beautiful evening! We have lots to celebrate this year, don't we?

PAOLO: Sì, è stato un anno incredibile, con le nozze, un nuovo libro per Beppe e un cambio de lavoro per te, Marisa.

Yes, it has been an incredible year, with the wedding, a new book for Beppe, and a change in work for you, Marisa.

GRAZIANA: L'anno prossimo sarà interessante con tutti questi cambiamenti. Beppe, quando è uscito il tuo libro? È una biografia, vero?

Next year will be interesting with all these changes. Beppe, when did the book come out? It's a biography, right?

BEPPE: È appena uscito. È una biografia dell'ultima amante di Lord Byron. Era una giovane donna, italiana. Dopo la morte di lui, è vissuta altri cinquanta anni. Viveva vicino a Firenze. È una storia davvero romantica.

It just came out. It's a biography of Lord Byron's last lover. She was a young woman, Italian. After his death, she lived another fifty years. She lived near Florence. It's truly a romantic story.

PAOLO: Complimenti! Marisa, quando comincerai il nuovo lavoro?

Congratulations! Marisa, when will you begin the new job?

MARISA: Fra tre settimane.

In three weeks.

GRAZIANA: Avete sentito che torneranno Jake e Beatrice? Lui prenderà un anno sabbatico e lei lavorerà col babbo di Paolo nel ristorante.

Have you heard that Jake and Beatrice are coming back? He will have a sabbatical and she will work with Paolo's dad in the restaurant.

MARISA: Che bello! Sarà un piacere conoscerli meglio. Ascoltate! Sentite i fuochi artificiali?

How nice! It will be a pleasure to know them better. Listen! Do you hear the fireworks?

PAOLO: Se guardate verso San Miniato, vedrete tutto. «Firenze, stanotte sei bella in un manto di stelle». Ricordate quella vecchia canzone? Poi stasera Firenze è bella su un manto di fuochi artificiali.

If you look toward San Miniato, you will see everything. "Florence, this evening, you're beautiful under a mantle of stars." Remember that old song? Well, this evening, Florence is beautiful under a mantle of fireworks.

GRAZIANA: Buon Anno!

Happy New Year!

TUTTI: Buon Anno!

Happy New Year!

Dialogue Review 9-3

Answer the following questions, listening to the dialogue again if you need to. Check your answers against the Answer Key.

1. Qual è la data? _____

2. Dove sono gli amici? _____

3. Cosa ha scritto Beppe? _____

4. Marisa farà che cosa fra poche settimane? _____

5. Quando si usano fuochi artificiali negli Stati Uniti? _____

Written Practice 9-3

 TRACK 18

Translate the following sentences or phrases into Italian. Check your answers against the Answer Key and on the CD.

1. How many brothers does he have? _____

2. You are sentimental! _____

3. We will go to Paolo's next year. _____

4. Truffles are very expensive. _____

5. Did you visit that Institute? _____

6. He took those pictures. _____

7. She is an elegant woman. That one, who is talking to Beppe. _____

_____

8. We went to a fish festival in Camogli. _____

9. When did the book come out? _____

10. Happy New Year! _____

Daily Journal: Directed Writing

The journal entries have changed. The new sentences reflect what you have been learning. This exercise should be undertaken daily until the forms and vocabulary become natural.

Oggi è _____. Ieri era _____.

Vorrei _____ Cremona.

_____ due settimane di vacanze.

L'anno scorso _____ un amico in Italia.

QUIZ

Fill in the correct word in each of the following sentences. Then check your answers against the Answer Key.

1. Le ragazze _____ piccole.

   (a) stavano

   (b) avevano

   (c) erano

2. Noi _____ in un albergo bellissimo.

   (a) abbiamo trovato

   (b) siamo stati

   (c) siamo dormito

3. L'anno prossimo, loro _____ a Firenze.

   (a) avranno

   (b) saranno

   (c) partiranno

4. Beppe ha appena pubblicato _____.

   (a) un'autobiografia

   (b) un romanzo

   (c) una biografia

5. Marisa _____ lavoro durante il mese prossimo.

   (a) cambierà

   (b) ha cambiato

   (c) cambiava

6. Match the following words with their opposites:
   vecchio / _____ ; simpatico / _____ ;
   bravo / _____ ; partire / _____ ; finire / _____ .

CHAPTER 10

Talking About Your Trip

In this chapter you will learn:

Talking About Your Trip
Pronoun Review
Planning Your Next Trip

Talking About Your Trip

 TRACK 19

Listen to the following dialogue; pause after each sentence and repeat. Jake and Beatrice are telling their friend Riccardo, another Italian-American, about their trip to Italy. What do you think they liked best?

JAKE: Allora, siamo arrivati il 20 e la nostra amica si è sposata il 22. Le nozze sono state bellissime. Abbiamo conosciuto la sua famiglia e molti suoi amici. Abbiamo passato il primo giorno con lei e abbiamo visitato una tomba etrusca e il museo archeologico.

Well, we arrived on the 20th, and our friend got married on the 22nd. It was a beautiful wedding. We met her family and many of her friends. We spent our first day with her visiting an Etruscan tomb and the archeological museum.

BEATRICE: Abbiamo passato il nostro ultimo giorno a visitare una città etrusca.

We spent our last day visiting an Etruscan city.

RICCARDO: Quale?

Which one?

BEATRICE: Ce n'è soltanto una, Marzabotto. E' davvero affascinante. Gli Etruschi erano così avanti. Al museo abbiamo visto tegole (esattamente come le nostre), un colabrodo, degli specchi, spilli di sicurezza e dadi... C'era anche uno scheletro.

There is only one, Marzabotto. And it is fascinating. The Etruscans were so advanced. In the museum we saw roof tiles (just like ours), a colander, mirrors, safety pins, and dice. . . . There was even a skeleton.

JAKE: Inoltre c'erano vasi e statue bellissimi. Abbiamo comprato un paio di riproduzioni al negozietto del museo.

And there were gorgeous pots and statues. We bought a couple of reproductions at the small shop.

RICCARDO: Non è a Marzabotto che c'è stata una rappresaglia tremenda —moltissime persone ammazzate —durante la seconda guerra mondiale?

Isn't Marzabotto where there was a terrible reprisal—many, many people killed—during World War II?

JAKE: Sì, quasi 1.900; e abbiamo visitato il cimitero.

Yes, nearly 1,900. And we visited the cemetery.

RICCARDO: Che altro avete fatto? Dove altro siete andati?

What else did you do? Where else did you go?

JAKE: Tu conosci Beatrice. Abbiamo mangiato molto cibo delizioso.

You know Beatrice. We ate a great deal of extremely good food.

BEATRICE: Sono tornata con delle buone idee per il ristorante. Il problema sarà trovare gli ingredienti.

I returned with some good ideas for our restaurant. The problem will be finding the ingredients.

JAKE: Siamo anche andati a una sagra del tartufo. Per andarci abbiamo noleggiato una macchina e abbiamo seguito la strada di Piero della Francesca. Che pittore eccezionale!

We also went to a truffle festival. And at the same time, we rented a car and followed the Piero della Francesca trail. What a brilliant painter!

BEATRICE: Era prima di tutto un matematico. È per questo che i suoi quadri sono così moderni, credo, anche se è vissuto durante il '400. Sapete che è morto il 12 (dodici) ottobre del 1492? Che coincidenza, eh?

He began as a mathematician. That's why his works seem so modern, I think, even though he lived during the 1400s. Did you know that he died 12 October 1492? What a coincidence, eh?

JAKE: Abbiamo anche visto una rappresentazione di «La Bohème».

We also saw a production of La Bohème.

BEATRICE: Con un tenore molto bravo, che—guarda caso—era il cugino del cameriere che ci ha servito al ristorante quella sera.

With a really good tenor, who actually turned out to be a cousin of our waiter later that night.

RICCARDO: Il mondo è proprio piccolo.

Truly a small world.

JAKE: Poi siamo andati a Gubbio, una bella città medioevale.

We went to Gubbio, a beautiful medieval city.

CULTURE DEMYSTIFIED

Antiquities in Italy

The questions about national patrimony are as old as time. Who owns archeological discoveries? In recent years, Italy has been in the spotlight when this is discussed. The country has recovered many valuable pieces, taken from the country by archeologists, explorers, and plain old **tombaroli** (*tomb robbers*). There are various books and many news pieces on the subject, but all one needs to know is that one neither buys antiquities nor takes them out of the country. When moving a household back from Italy, for example, everything you ship has to be inspected and approved by the Belle Arti, the fine arts division of the government. Since the inception of the European Union, smuggling art has, unfortunately, become a good deal easier, as the borders are more or less open.

RICCARDO: È dove ci sono le tavole eugubine.	*That's where the Iguvine tablets are.*
BEATRICE: Sì, nel Museo Civico.	*Yes, in the Civic Museum.*
JAKE: Mi è piaciuta tanto Gubbio. Volevo comprarci una casa.	*I liked Gubbio so much. I wanted to buy a house.*
BEATRICE: Perchè non l'hai fatto? Io avrei detto di sì—senz'altro.	*Why didn't you? I'd have agreed— no question.*
RICCARDO: Come ti invidio!	*I am so jealous!*

Dialogue Review 10-1

Respond to the following true–false (**vero–falso**) questions. You can check your answers against the Answer Key.

_____ 1. Gli etruschi erano molto sofisticati.

_____ 2. Jake e Beatrice sono andati a una rappresentazione di «Tosca».

_____ 3. Piero della Francesca era un prete.

_____ 4. Riccardo vorrebbe andare in Italia.

_____ 5. Beatrice ha imparato molto della cucina Toscana.

Oral Practice 10-1

 TRACK 20

Listen to the following questions. Pause and repeat each one before answering. Read along if you feel it is necessary. You can check your answers against the Answer Key and on the CD.

1. Dove sono andati Jake e Beatrice?

2. Cosa pensano degli etruschi?

3. Hanno visto degli amici?

4. Jake ha comprato una casa a Gubbio?

5. Cosa è successo a Marzabotto?

6. Quando?

7. Com'è Riccardo, secondo te?

8. Hanno noleggiato una macchina?

9. Sono andati a Roma Jake e Beatrice?

10. Jake e Beatrice hanno conosciuto altri americani?

Oral Practice 10-2

 TRACK 21

Listen to the following Italian names of places, monuments, events, and foods. Read along, pause after each word or phrase, and repeat. Match the items in column 1 to those in column 2. You can check your answers against the Answer Key.

Column 1	Column 2
1. Il colosseo	A. the seaside
2. Carnevale	B. the cathedral
3. la Torre Pendente	C. a kiosk
4. limoncello	D. ice cream
5. Venezia	E. Michelangelo's tomb
6. una villa palladiana	F. an opera
7. la sagra del tartufo	G. Florence
8. il mare	H. Carnival
9. un bagno	I. Galileo's house
10. i fuochi artificiali	J. a meal's main course
11. il gelato	K. lemon liqueur
12. il Duomo	L. a scientific museum
13. la tomba di Michelangelo	M. the Colosseum
14. un museo scientifico	N. Venice
15. Firenze	O. a Palladian villa
16. la casa di Galileo	P. the Leaning Tower
17. un'opera lirica	Q. a botanic garden
18. un'edicola	R. fireworks
19. un secondo piatto	S. a bathroom
20. un giardino botanico	T. the truffle festival

Pronoun Review

Throughout *Italian Conversation Demystified* you have seen and used various pronouns. You began with subject pronouns, moved on to reflexive pronouns, then by default picked up indirect object pronouns. Direct object pronouns, which answer the questions *who?* or *what?*, are the final important category of this part of speech. Demonstrative pronouns, a separate category, are discussed in Chapter 9. Pronouns are perhaps an example of passive learning at its best. You use them as part of another grammatical form; they almost always precede the verb they accompany, although they may be attached to infinitives, present participles, and commands. When you are confident in the language they are not so very difficult. Meanwhile, as with hand gestures, the best thing to do is to use them sparingly and to be specific. *Did you buy the tickets? Yes, I bought the tickets*, rather than *I bought them*.

SUBJECT PRONOUNS

Subject pronouns are frequently not used, as you no doubt remember. Thanks to the endings of conjugated verbs, they are often redundant. So instead of saying **Io parlo italiano**, you are more likely to say **Parlo italiano.** The final **o** tells you who is doing the speaking.

io parlo	-o = *I*	**noi** parl**iamo**	**-iamo** = *we*
tu parl**i**	-i = *you*	**voi** parl**ate**	**-ate** = *you* (plural)
lui parl**a**	-a = *he*	**loro** parl**ano**	**-ano** = *they*
lei parl**a**	-a = *she, you* (formal)	**Loro** parl**ano**	**-ano** = *you* (plural, formal)

REFLEXIVE PRONOUNS

Not optional are the reflexive pronouns; they are part of verb conjugations and reflect the action of the verb back onto the subject. The most common reflexive verb you have learned is **chiamarsi** (*to call oneself, to be named*).

io **mi** chiamo	(*I call myself*) *my name is*	noi **ci** chiamiamo	*our name is*
tu **ti** chiami	*your name is*	voi **vi** chiamate	*your name is*
lui **si** chiama	*his name is*	loro **si** chiamano	*their name is*
lei **si** chiama	*her name is*		
Lei **si** chiama	*your* (formal) *name is*	Loro **si** chiamano	*your* (formal) *name is*

INDIRECT OBJECT PRONOUNS

By default, you have learned indirect object pronouns—that is, by learning to conjugate the verb **piacere**. Literally translated, the verb says *it is* or *they are pleasing* to someone. Indirect pronouns answer the questions *to whom? to what?* or *for whom? for what?*

mi (*to me*)	mi piace...	*I like something*	mi piacciono...	*I like more than one thing*
ti (*to you*)	ti piace...	*you like one thing*	ti piacciono...	*you like more than one thing*
gli (*to him*)	gli piace...	*he likes one thing*	gli piacciono...	*he likes more than one thing*
le (*to her*)	le piace...	*she likes one thing*	le piacciono...	*she likes more than one thing*
Le (*to you, formal*)	Lei piace...	*you* (formal) *like one thing*	Le piacciono...	*you* (formal) *like more than one thing*
ci (*to us*)	ci piace...	*we like one thing*	ci piacciono...	*we like more than one thing*
vi (*to you, plural*)	vi piace...	*you* (plural) *like one thing*	vi piacciono...	*you like more than one thing*
gli (*to them*)	gli piace...	*they like one thing*	gli piacciono...	*they like more than one thing*

Ti piace il cinema? Sì, mi piace.	*Yes, I like it.*
Gli piacciono i bambini? No, non gli piacciono.	*No, he (they) does (do) not like them.*
Le piace Firenze? Sì, le piace molto.	*Yes, she (you* [formal]*) likes (like) it.*

Other uses of indirect object pronouns include forms that can take *to* or *for* in front of the English equivalent. For example, **Gli scrivo** (*I am writing to them*); **Le parla** (*He is talking to her*); **Ci danno la macchina** (*They are giving us the car*).

DIRECT OBJECT PRONOUNS

The final most commonly used pronoun form is the direct object pronoun. It answers the questions *Who? What?*: *Whom did you see? I saw **him**. What are you buying? I'm buying **it**.* Direct object pronouns, like indirect object pronouns, agree in number and gender with the nouns they replace.

Singular		Plural	
mi	*me*	ci	*us*
ti	*you*	vi	*you*
la	*it* (fem.), *her*	le	*them* (fem.)
lo	*it* (masc.), *him*	li	*them* (masc.)
La	*you* (formal, masc. and fem.)	Le	*you* (formal, fem.)
		Li	*you* (formal, masc.)

Perhaps the most recognizable form is the formal masculine and feminine singular **La** (*you*), as in **ArrivederLa**, and the informal **Arrivederci**.
For example:

Lo vedi spesso?	*Do you see **him** often?*
Sì, **lo** vedo ogni giorno.	*Yes, I see **him** every day.*
Ti piacciono? **Li** compri?	*Do you like **them**? Are you buying **them**?*

PRONOUNS THAT CHANGE FORM

There are two other reasons to use nouns rather than pronouns. In the past tense, you will recall, transitive verbs (verbs that take direct objects) conjugate with the helping verb **avere**, and the past participle does not change to agree with the subject. It does, however, change to agree in gender and number with a direct object pronoun. For example:

Hai mangiato tutti i biscotti? **Li** hai mangiati?	*Did you eat all the cookies? Did you eat **them**?*
Ho visto le ragazze ieri. **Le** ho viste.	*I saw the girls yesterday. I saw **them**.*
La casa? **La** hanno comprata.	*The house? They bought **it**.*

It is, simply put, better to be specific in your statements—that is, restate the object—until you feel confident using the pronouns.

The second reason to be specific is that when direct and indirect pronouns combine, they change form. Indirect pronouns always precede direct object pronouns, and they change their spelling. For example:

mi + **lo, la, li, le** becomes **me**	Me lo dai?	*Are you giving it to me?*
ti + **lo, la, li, le** becomes **te**	Te lo do.	*I'm giving it to you.*

Le becomes **gli**; **gli** does not change. Both combine by adding **e** between the indirect and the direct object pronouns.

Gliela scrivo.   *I am writing it to her (to him; to them; to you,* formal).

ci becomes **ce**   **Ce la hanno detto ieri.** *They told it to us yesterday.*

vi becomes **ve**   **Ve li ho già dati.** *I already gave them to you.*

As already noted, **gli** stays the same.

Gliela compro.   *I'm buying it for them.*

Obviously, life is simpler if you are specific in your statements.

Written Practice 10-1

 TRACK 22

Translate the following sentences into Italian, using pronouns where possible. You can check your answers against the Answer Key and on the CD.

1. My name is _____ and I am American. _____

2. I can see the castle. Do you see it? _____

3. I am buying the house for them. _____

4. In Italy, I will visit them. _____

5. I like to travel. New cities? I love to see them. _____

6. Are they coming to the party? _____

7. I am not inviting them. _____

8. I send them postcards from every city I visit. _____

9. Good-bye, sir. _____

10. There is so much to see. I want to see it all! _____

Planning Your Next Trip

 TRACK 23

TOCCA A TE (IT'S YOUR TURN)

Listen to Jake and Beatrice discuss their return to Italy. Pause and repeat each sentence. At the end, answer the questions about what you think you would need for a shorter stay in Italy. Responses are up to you, of course; there are translations of the questions in the Answer Key.

BEATRICE: Passeremo sei mesi in Italia e resteremo a Firenze per almeno quattro mesi. Come troviamo un appartamento?

We'll have six months in Italy, and we'll be in Florence for at least four months. How do we find an apartment?

JAKE: Ci sono tanti siti su Internet che offrono appartamenti. Li affittano per una settimana, per un mese, per un anno. Ne troveremo uno. Per di più, Graziana ci aiuterà.

There are so many sites on the Internet that offer apartments. You can rent apartments by the week, the month, for a year. We'll find one. Moreover, Graziana will help us.

BEATRICE: Avremo bisogno di una macchina?

Will we need a car?

JAKE: No, non credo. I mezzi pubblici basteranno. Se troviamo un appartamento in centro o vicino al centro possiamo andare a piedi— tu al ristorante ed io alla biblioteca.

No, I don't think so. Public transport will do. If we find an apartment in the city center or nearby we can go by foot—you to the restaurant and me to the library.

BEATRICE: In ogni caso è impossibile trovare parcheggio.

In any case it's impossible to find any parking.

JAKE: Non abbiamo bisogno di una casa col telefono perchè abbiamo i telefonini.

We don't need a house with a telephone because we have cell phones.

BEATRICE: È vero. Senti, se arriviamo in agosto, andiamo direttamente a Firenze o andiamo al mare per trovare gli amici? Graziana ha una casa vicino a Viareggio e c'è posto per noi.

That's true. If we arrive in August, are we going directly to Florence or are we going to the seaside to see friends? Graziana has a house near Viareggio and there's room for us.

JAKE: Dobbiamo prima fermarci a Firenze, così possiamo lasciare lì tutto il bagaglio e poi passare alcuni giorni con Graziana e Paolo.

We should start in Florence. We can leave the luggage there and then we can spend a few days with Graziana and Paolo.

BEATRICE: Allora, secondo me, dobbiamo portare poco. In fondo, avremo un appartamento con tutto il necessario—mobili, cucina, bagno, lavatrice, televisore...

Well, as far as I'm concerned, we should take very little. We will have an apartment with all the necessities—furniture, kitchen, bath, washing machine, television...

JAKE: Io avrò bisogno del computer.

I'll need the computer.

BEATRICE: Ed io avrò bisogno di un po' di coltelli.

And I'll need some knives.

JAKE: Coltelli?

Knives?

BEATRICE: Sì, amore, ogni chef usa solo i suoi coltelli. Sono molto personali.

Yes, my love, every chef uses only her own knives. It's very personal.

JAKE: La dogana sarà un'esperienza interessante...

Customs will be interesting . . .

Dialogue Review 10-2

Pretend that you are planning a two-week trip to Italy. Answer the following questions about where to go, what to do, and what to take.

1. Quali città vorresti visitare? _____

2. C'è un artista che ammiri? Dove si trovano esempi della sua opera? _____

3. Se vuoi visitare rovine romane, dove andrai? _____

4. Quante valigie porterai? _____

5. Avrai bisogno di un telefonino? _____

6. Noleggerai una macchina o andrai in treno? _____

7. Dove starai? In un albergo, in un appartamento in affitto, con dei parenti o con degli amici? _____

8. Andrai al mare? _____

9. Hai il passaporto? _____

10. Sai dove comprare un biglietto per l'autobus? _____

Written Practice 10-2

Fill in the blanks. Possible answers can be found in the Answer Key.

Io arriverò in Italia (1) _____ (la data). Visiterò
   (2) _____, (3), _____,
   (4) _____. Ho trovato un albergo a due stelle; ho
   prenotato una camera (5) _____. Non è caro.
   Costa (6) _____. Vorrei mangiare
   (7) _____ e (8) _____.
   Dopo due settimane, ripartirò da (9) _____ alle
   (10) _____ del mattino.

Written Practice 10-3

The following passage is a description of an apartment. Read it through, and
answer the questions about its amenities. You can check your answers against the
Answer Key.

   Affittasi: Centro città. Ampio appartamento di 150 mq al piano terra/piano ter-
   reno con giardino. Ingresso, soggiorno, cucina abitabile, 2 camere, 2 bagni,
   ripostiglio. Cantina con posto auto.

   1. Quante camere da letto ci sono? _____

   2. È un appartamento grande o piccolo? _____

   3. Dov'è? _____

   4. C'è una sala da pranzo? _____

   5. C'è un parcheggio? _____

Daily Journal: Directed Writing

The journal entries have changed. The new sentences reflect what you have been
learning. This exercise should be undertaken daily until the forms and vocabulary
become natural.

Oggi è _____. Ieri era _____.

Fa _____ tempo. Ieri _____ tempo.

Ieri _____ al Vaticano e alla Basilica di San Pietro.

_____ la Pietà di Michelangelo.

Vorrei _____ Cremona.

_____ due settimane di vacanze.

L'anno scorso _____ un amico in Italia.

QUIZ

Respond to the following true–false (**vero–falso**) questions; then check your answers against the Answer Key.

_____ 1. Jake e Beatrice sono andati in Italia per le nozze di Beppe e Marisa.

_____ 2. Hanno passato cinque settimane a Firenze.

_____ 3. Hanno mangiato molto bene.

_____ 4. Gli etruschi erano molto creativi.

_____ 5. Avranno bisogno di un telefono nell'appartamento che affitteranno.

_____ 6. Vanno direttamente al mare per le vacanze.

_____ 7. Per loro avere una macchina sarà essenziale.

_____ 8. Portano con loro gli strumenti delle loro professioni.

_____ 9. Riccardo andrà con loro.

_____10. Hanno comprato copie dei vasi etruschi.

PART TWO TEST

Circle the letter of the word or phrase that best answers the question or completes each sentence. You can check your answers against the Answer Key.

1. Quando hai fame, cosa fai?

    (a) mangio

    (b) preferisco

2. Dove posso comprare dei francobolli?

    (a) dal tabaccaio

    (b) dalla pasticceria

3. Quanto anni hai?

    (a) ho trenta anni

    (b) sono trenta

4. Guardi molto _____?

    (a) la televisione

    (b) la radio

5. Che cosa significa **Mezzogiorno**?

    (a) è una città

    (b) è una regione

6. Com'era la rappresentazione di «La Bohème»?

    (a) bella

    (b) bello

7. Le sorellastre di Cenerentola erano _____.

    (a) cattiva

    (b) brutte

8. Un cameriere lavora in _____.

    (a) un museo

    (b) un ristorante

9. Io _____ che loro erano italiani.

    (a) ho conosciuto

    (b) ho saputo

10. Quando sei nato?

    (a) in Italia

    (b) il primo maggio

11. Dove si comprano le erbe aromatiche?

    (a) dal fruttivendolo

    (b) dalla farmacia

12. Come ti chiami?

    (a) Mi chiamo _____.

    (b) Non mi chiami _____.

13. Il teatro è lontano. Deve _____ l'autobus.

    (a) portare

    (b) prendere

14. Ti diverti quando vai alla spiaggia?

    (a) Sì, mi diverti.

    (b) Sì, mi diverto.

15. La chimera era _____.

    (a) un cane domestico

    (b) un animale fantastico

16. _____ bambine si divertono.

    (a) Queste

    (b) Quale

17. Partiamo _____ mezzanotte.

    (a) a

    (b) alla

18. Noi andiamo _____ Italia.

    (a) all'

    (b) in

19. Quando andrete a Venezia?

    (a) l'estate prossima

    (b) l'estate passata

20. Vai a Roma _____ treno?

    (a) in

    (b) con

21. Dormirò quando mia figlia _____.

    (a) tornerà

    (b) è tornato

22. _____ foto sono bellissime!

    (a) Quello

    (b) Quelle

23. Vorresti _____ una macchina o comprarne una?

    (a) noleggiare

    (b) viaggiare

24. Gli Etruschi _____ molto interessanti.

    (a) suonano

    (b) erano

25. Per vedere la Torre Pendente, devo andare a _____.

    (a) Pisa

    (b) Roma

Underline or circle the word or phrase that best completes each sentence or question. Sometimes you may feel that both answers could work, but one of them is always the better choice.

1. Mi chiamo Luigi e ho _____ anni.

   (a) sei

   (b) uno

2. Io sono intelligente, simpatica e _____.

   (a) furbo

   (b) alto

3. Il sabato non _____ nulla.

   (a) lavoro

   (b) faccio

4. A Firenze vorrei _____ il museo archeologico.

   (a) visitare

   (b) parlare

5. Oggi è il primo maggio ma fa _____.

   (a) freddo

   (b) estate

6. La nonna si alza presto, _____.

   (a) alle sei

   (b) a mezzogiorno

7. Preferisci mangiare o ballare? _____ mangiare.

   (a) Preferisce

   (b) Preferisco

8. Dopo scuola, dove vai? Vado _____ casa.

   (a) a

   (b) in

9. Dove vorresti mangiare?

   (a) Dal medico.

   (b) Alla rosticceria.

10. _____ parla inglese in quel negozio.

   (a) Sì

   (b) Si

11. Come si fa per arrivare alla stazione?

   (a) Si va sempre dritto.

   (b) In tassì.

12. Ti presento Graziana, una cara amica mia.

   (a) Piacere.

   (b) Salve.

13. Andiamo da Franco per un caffè?

   (a) Volentieri.

   (b) No, a casa.

14. Devo _____. Non posso accompagnarti.

   (a) lavorare

   (b) lavoro

15. È sempre la stessa storia. Non c'è _____.

   (a) mai

   (b) niente di nuovo

16. Lui viene _____ Arezzo.

   (a) di

   (b) da

17. Io ho ragione, lui ha _____.

   (a) torto

   (b) torta

18. In inglese si usano _____ parole italiane.

   (a) alcuni

   (b) molte

19. Graziana ha una nuova macchina fotografia e fa _____ foto.

   (a) molto

   (b) molte

20. Le nozze sono _____ dicembre.

 (a) l'uno

 (b) il primo

21. Quanti turisti ci sono? _____, non lo so.

 (a) Boh

 (b) Sì

22. Dopo venerdì viene _____.

 (a) giovedì

 (b) sabato

23. Normalmente che tempo fa in agosto?

 (a) fa caldo

 (b) fa freddo

24. Come si scrive "December 15th"?

 (a) dicembre il 15

 (b) il 15 dicembre

25. Che _____ dici?

 (a) ne

 (b) ci

26. Come stai?

 (a) Basso.

 (b) Benone.

27. Quando i bambini _____ fame, mangiano.

 (a) sono

 (b) hanno

28. Pronto. _____ parla?

 (a) Chi

 (b) Che

29. Sei professore o _____?

 (a) poetessa

 (b) studente

30. Hai _____ zio in Italia?

    (a) uno

    (b) un

31. Come si dice "parents" in italiano?

    (a) parenti

    (b) genitori

32. Loro non sono _____.

    (a) sposati

    (b) sposano

33. Ha gli occhi _____.

    (a) lisci

    (b) neri

34. Non dice la verità. Non è _____.

    (a) generoso

    (b) sincero

35. I guanti sono _____.

    (a) verde

    (b) rosa

36. Com'è il dottor Bolzano?

    (a) buono

    (b) bene

37. Lei vorrebbe il salmone. Io _____ vorrei la bistecca.

    (a) anche

    (b) invece

38. Hai bisogno di aiuto?

    (a) Grazie, ce la faccio.

    (b) No, non aiuto.

39. Era un albergo molto _____. Non torno mai più.

    (a) scomodo

    (b) riccio

40. I biglietti che lui _____ sono cari.

   (a) hanno

   (b) ha

41. Gli studenti hanno spesso molti _____.

   (a) compiti

   (b) grandi

42. Ti _____ i gatti?

   (a) piace

   (b) piacciono

43. Che _____ idea!

   (a) buon'

   (b) antica

44. Quale?

   (a) Quello qui.

   (b) Quella là.

45. Preferisco il cioccolato caldo in _____ quando fa freddo.

   (a) inverno

   (b) estate

46. Lui preferisce il caffè _____ tè.

   (a) al

   (b) del

47. Ho più libri _____ te.

   (a) che

   (b) di

48. Sono in vendita i cani. Possiamo aver _____ uno?

   (a) ne

   (b) ci

49. Ventidue meno due fa _____.

   (a) venti

   (b) ventiquattro

50. Michelangelo lavorava durante il _____.

    (a) 1300

    (b) '500

51. Gloria, tu _____ tornata tardi!

    (a) sei

    (b) è

52. Mangiare qui in giardino, _____ bene.

    (a) fanno

    (b) fa

53. Dove sono _____ Paola e Francesca?

    (a) andata

    (b) andate

54. Sono andata _____ nonni.

    (a) dai

    (b) dal

55. Ieri _____ una giornata lunga ma divertente.

    (a) è

    (b) era

56. Non è caro. Non costa un _____.

    (a) occhio

    (b) orecchio

57. Prima andiamo al mare, _____ in città.

    (a) poi

    (b) però

58. La _____ della carta di credito è giugno 2012.

    (a) scadenza

    (b) data

59. Possiamo _____ i passaporti?

    (a) spendere

    (b) recuperare

60. Dove si compra un biglietto per il bus?

    (a) Il tabaccaio.

    (b) La libreria.

61. Vorrebbe una camera singola o _____?

    (a) completa

    (b) doppia

62. C'è un treno che parte la sera?

    (a) Sì, alle sette.

    (b) Sì, alle diciannove.

63. Amore, non mangiare con le mani!

    (a) Fa bene.

    (b) Non si fa.

64. Un amico mio abita _____ Roma.

    (a) a

    (b) in

65. Da bambino, non _____ mai.

    (a) studiavano

    (b) studiava

66. Mamma, non ho dormito bene. Ho _____.

    (a) sonno

    (b) sono

67. Loro _____ i biglietto domani?

    (a) hanno retirato

    (b) retireranno

68. Com'_____ la città nei tempi antichi?

    (a) è

    (b) era

69. Shakespeare _____ usato molti caratteri stereotipati.

    (a) è

    (b) ha

70. Mentre _____, leggevo un libro.

    (a) mangiavo

    (b) ho mangiato

71. Quando è arrivato, _____ stanco.

    (a) era

    (b) è stato

72. La commedia dell'arte era il primo teatro _____.

    (a) professionale

    (b) libero

73. Mi dica, dove posso comprare della frutta fresca?

    (a) Dal macellaio.

    (b) Dal fruttivendolo.

74. È il tuo compleanno?

    (a) Felicità!

    (b) Auguri!

75. La fermata dell'autobus è qua vicino?

    (a) Sì, all'angolo.

    (b) Sì, molto lontano.

76. Il cantante sarà famoso?

    (a) Chissà?

    (b) Però.

77. Il figlio dello zio Mario è mio _____.

    (a) padre

    (b) cugino

78. La rappresentazione è _____.

    (a) esaurita

    (b) stonata

79. Gli amici _____ già partiti?

    (a) sono

    (b) hanno

80. Ieri _____ la nonna di Margherita.

    (a) ho conosciuto

    (b) ho saputo

81. Tu _____ ricevuto l'invito?

    (a) ha

    (b) hai

82. Cosa hai fatto in Italia? Cosa hai _____?

    (a) visto

    (b) detto

83. Le ville sono proprio _____.

    (a) enormi

    (b) grige

84. _____ che a Marzabotto c'è una città etrusca.

    (a) Conoscevo

    (b) Ho saputo

85. Vi siete divertiti?

    (a) Sì, ci siamo divertiti.

    (b) Da lupo!

86. Ogni giorno _____ una cravata.

    (a) si metteva

    (b) si è messa

87. Loro vanno _____ Italia meridionale.

    (a) in

    (b) nell'

88. In estate, lei non vede l'ora di lavorare _____ giardino.

    (a) in

    (b) nel

89. Sono _____ Stati Uniti.

    (a) dagli

    (b) degli

90. Firenze si trova in _____.

    (a) Toscana

    (b) Umbria

91. In Europa si può soffrire dalla _____.

    (a) sindrome di statua

    (b) sindrome di Stendhal

92. La chimera, secondo una mia amica, ha un aspetto quasi _____.

    (a) umano

    (b) animale

93. Dov'è l'anfiteatro ovale?

    (a) A Lucca.

    (b) A Pisa.

94. Gli Etruschi sono famosi per le loro _____.

    (a) città

    (b) tombe

95. Luisa, ti piace studiare _____?

    (a) la storia

    (b) poca

96. Quando fa caldo, non ho bisogno di _____.

    (a) una felpa

    (b) un ombrello

97. Cosa si compra alla Piazza Ciompi?

    (a) Da mangiare.

    (b) Da decorare.

98. Quale palazzo, secondo Beatrice, è il "Darth Vader" dei palazzi?

    (a) Il palazzo Riccardi-Medici.

    (b) Il palazzo Strozzi.

99. Vorrei comprare dei tartufi, ma non _____.

    (a) ho tempo

    (b) ce la faccio

100. Quando andrai in Italia?

    (a) Fra un mese.

    (b) Un mesa fa.

APPENDIX A

RESOURCES

The Internet has made language learning accessible and immediate. To reinforce and supplement your studies, you can listen to news in real time and watch Italian television and movies on your computer. Limiting the sheer numbers of resources can be problematic, so what follows is my personal choice of eight top sites.

1. The single most useful site is www.italianstudies.org/links.htm. It provides a comprehensive list of Italian embassies, consulates, missions to the United Nations, and cultural institutes. It includes interactive multimedia resources, specialized literary sites, online bookstores, lists of academic programs both in the United States and abroad, and links to international Italian studies organizations.

2. As extensive and complete a site, though more focused on language, is www.uni.edu/becker/italiano2.html.

3. For practicing pronunciation, try www.uebersetzung.at/twister/it.htm. It is written only, so it might be useful to find an Italian-speaking "accompanist."

4. An interactive, electronic classroom with self-correcting exercises and grammar explanations is found at www.locuta.com/classroom.html.

5. Another extensive language site is found at www.eleaston.com/italian .html#. It includes an "Italian for Spanish speakers" link that is very useful.

6. ICoN, or Italian Culture on the Net, www.italicon.com, offers an array of university courses, with the possibility of degree study; it has a good entrance exam that pinpoints strengths and weaknesses.

7. Radio, Rai television (the national television stations), and newspapers are all available. Site http://www.international.rai.it/engl/ includes links to both television and radio stations. Use a search engine to find any of the larger newspapers: *Corriere della sera*, *La Repubblica*, *L'Unità*, for example.

8. A source with readings in Italian from a range of literature is www.il narratore.com. You may find the contemporary authors easier to understand. All books can be downloaded.

Using a search engine also enables you to find information about specific cities, regions, and festivals as well as special events, shows, and ticket vendors. (For example, www.weekendaroma.com, www.weekendafirenze.com, www.ticketeria .it are all particularly useful.)

A word about movies: Italian cinematic history is impressive, rich, and varied. Italy ranks among the world's foremost practioners of this art. Older classic movies were often filmed at Cinecittà in Rome, and the language can be difficult since it sometimes uses Roman dialect. The neo-Realist movies, however, are in general exceptional (*La strada*, *Umberto D.*, for example). Modern films abound, but some favorites, widely available, incude *Cinema Paradiso*, *Mediterraneo*, and *La vita è bella* (all Oscar winners); *La notte di San Lorenzo*; *Enrico IV*; *Stanno tutti bene* (recently released as an English-language remake); *Il gattopardo*; *Il postino*. A great many operas have been filmed in the last twenty years as well. The list could become exhausting! It is useful to cover the subtitles on foreign films and simply listen. Depending on your learning style, however, it can be especially reinforcing to read along and see how language forms.

APPENDIX B

VERBS

Regular Verb Conjugations

	Presente	Passato prossimo	Imperfetto	Futuro
parlare (*to speak*)	io parlo	ho parlato	parlavo	parlerò
	tu parli	hai parlato	parlavi	parlerai
	lui / lei parla	ha parlato	parlava	parlerà
	Lei parla	ha parlato	parlava	parlerà
	noi parliamo	abbiamo parlato	parlavamo	parleremo
	voi parlate	avete parlato	parlavate	parlerete
	loro parlano	hanno parlato	parlavano	parleranno
scrivere (*to write*)	io scrivo	ho scritto	scrivevo	scriverò
	tu scrivi	hai scritto	scrivevi	scriverai
	lui / lei scrive	ha scritto	scriveva	scriverà
	Lei scrive	ha scritto	scriveva	scriverà
	noi scriviamo	abbiamo scritto	scrivevamo	scriveremo
	voi scrivete	avete scritto	scrivevate	scriverete
	loro scrivono	hanno scritto	scrivevano	scriveranno

	Presente	Passato prossimo	Imperfetto	Futuro
dormire (*to sleep*)	io dormo	ho dormito	dormivo	dormirò
	tu dormi	hai dormito	dormivi	dormirai
	lui / lei dorme	ha dormito	dormiva	dormirà
	Lei dorme	ha dormito	dormiva	dormirà
	noi dormiamo	abbiamo dormito	dormivamo	dormiremo
	voi dormite	avete dormito	dormivate	dormirete
	loro dormono	hanno dormito	dormivano	dormiranno
capire (*to understand*)	io capisco	ho capito	capivo	capirò
	tu capisci	hai capito	capivi	capirai
	lui / lei capisce	ha capito	capiva	capirà
	Lei capisce	ha capito	capiva	capirà
	noi capiamo	abbiamo capito	capivamo	capiremo
	voi capite	avete capito	capivate	capirete
	loro capiscono	hanno capito	capivano	capiranno

Irregular Verb Conjugations

	Presente	Passato prossimo	Imperfetto	Futuro
essere (*to be*)	io sono	sono stato, -a	ero	sarò
	tu sei	sei stato, -a	eri	sarai
	lui / lei è	è stato, -a	era	sarà
	Lei è	è stato, -a	era	sarà
	noi siamo	siamo stati, -e	eravamo	saremo
	voi siete	siete stati, -e	eravate	sarete
	loro sono	sono stati, -e	erano	saranno
avere (*to have*)	io ho	ho avuto	avevo	avrò
	tu hai	hai avuto	avevi	avrai
	lui / lei ha	ha avuto	aveva	avrà
	Lei ha	ha avuto	aveva	avrà
	noi abbiamo	abbiamo avuto	avevamo	avremo
	voi avete	avete avuto	avevate	avrete
	loro hanno	hanno avuto	avevano	avranno

	Presente	Passato prossimo	Imperfetto	Futuro
fare (*to make, do*)	io faccio	ho fatto	facevo	farò
	tu fai	hai fatto	facevi	farai
	lui / lei fa	ha fatto	faceva	farà
	Lei fa	ha fatto	faceva	farà
	noi facciamo	abbiamo fatto	facevamo	faremo
	voi fate	avete fatto	facevate	farete
	loro fanno	hanno fatto	facevano	faranno
andare (*to go*)	io vado	sono andato, -a	andavo	andrò
	tu vai	sei andato, -a	andavi	andrai
	lui / lei va	è andato, -a	andava	andrà
	Lei va	è andato, -a	andava	andrà
	noi andiamo	siamo andati, -e	andavamo	andremo
	voi andate	siete andati, -e	andavate	andrete
	loro vanno	sono andati, -e	andavano	andranno

All reflexive verbs conjugate with **essere** in the past tense.

Idiomatic Expressions with *avere*

avere... anni	*to be . . . years old*
avere bisogno di	*to need*
avere caldo	*to be warm*
avere fame	*to be hungry*
avere freddo	*to be cold*
avere fretta	*to be in a hurry*
avere mal di...	*to have a . . . ache*
avere paura di	*to be afraid of*
avere ragione	*to be right*
avere sete	*to be thirsty*
avere sonno	*to be sleepy*
avere torto	*to be wrong*
avere vergogna di	*to be ashamed of, to be embarrassed*
avere voglia di	*to feel like*

Idiomatic Expressions with *fare*

fare gli auguri	*to congratulate*
fare un bagno	*to take a bath*
fare il biglietto	*to buy a ticket*
fare caldo	*to be warm outside (weather,* impersonal*)*
fare cena	*to eat dinner*
fare colazione	*to eat lunch*
fare colpo a qualcuno	*to surprise someone*
fare la conoscenza di	*to meet, be introduced to*
fare una doccia	*to take a shower*
fare una domanda	*to ask a question*
fare un favore	*to do a favor*
fare bella (brutta) figura	*to give a good (bad) impression*
fare finta di	*to pretend*
fare freddo	*to be cold outside (weather,* impersonal*)*
fare un giro	*to take a tour*
fare una passeggiata	*to take a stroll*
fare due passi	*to take a stroll*
fare pranzo	*to eat the main meal*
fare prima colazione	*to eat breakfast*
fare la spesa	*to grocery shop*
fare le spese / delle compere	*to shop generally*
fare lo spiritoso, -a	*to be funny*
fare una telefonata	*to make a phone call*
fare le valigie	*to pack*
fare un viaggio	*to take a trip*
fare una visita	*to visit*

Expressions Used with *fare*

Ci fa il conto?	*Could you get us the bill?*
Fa bene (male).	*It's good for you (bad for you).*
Non si fa.	*One does not do that.*
Fammi vedere.	*Show me.*
Fammi sapere.	*Tell me (or Make it known to me).*

Che tempo fa?	*What's the weather like?*
Fa bel tempo.	*It's nice out.*
Fa brutto tempo.	*It's nasty out.* or *It's bad weather.*
Fa freschino.	*It's chilly.*

A peculiar **fare** use is **farcela** (*to be able to do something*, or *to be able to stand something*).

Io ce la faccio.	*I can do it.*	Noi ce la facciamo.	*We can do it.*
Tu ce la fai.	*You can do it.*	Voi ce la fate.	*You can do it.*
Lui, lei ce la fa.	*He, she can do it.*	Loro ce la fanno.	*They can do it.*
Lei ce la fa.	*You* (formal) *can do it.*		

For example, if you are juggling a bunch of packages and trying to unlock a door, someone might say:

Ce la fai?	*Can you manage?* or *Can you do it?*

You respond with:

Sì, ce la faccio.	*Yes, I can manage.* or *I can do it.*

Non ce la faccio can also mean *I can't stand it.* In other words, it's too difficult to deal with.

Idiomatic Expressions with *stare*

You have seen **stare** used to ask after health. Literally, it means *to stay*.

Come stai? Sto bene, grazie.	*How are you? I'm fine, thank you.*

It also refers to staying somewhere.

Stiamo a quell'albergo piccolo e bello.	*We're staying at that pretty little hotel.*

If you add **ci** to the front of the conjugated verb, the meaning changes to *to be game*.

Ci stai? Ci sto! *Are you game? Yes I am!*

Other common uses include:

stare attento a	*to be careful with*
stare fresco	*to be in trouble*
stare sulle spine	*to be on pins and needles*

An Important Two-Letter Word: *ci*

An adverb of place, **ci** means *there*. It also adds on to verbs and changes their meanings.

For example, **vedere** means *to see*; **vederci** means *to be able to see*.

Non ti vedo. *I don't see you.*

Non ci vedo. *I can't see.*

The only difference in conjugating a verb with **ci** is to put the short word in front of the conjugated forms.

Io ci vedo.	Noi ci vediamo.
Tu ci vedi.	Voi ci vedete.
Lui / lei / Lei ci vede.	Loro ci vedono.

Other verbs that use **ci** include:

sentirci	*to be able to hear*	Lui non ci sente.	*He can't hear.*
volerci	*to take*	Ci vuole pazienza.	*It takes patience.*
metterci	*to take (time)*	Ci mettiamo mezz'ora per arrivare.	*It takes half an hour to arrive.*
pensarci	*to think about it*	Ci penso.	*I'm thinking about it.*

crederci	to think so, to believe it	Ci credo.	*I believe it.*
entrarci	to have nothing to do with something	Io non c'entro!	*I have nothing to do with it!*
		Non c'entra.	*That has nothing to do with it.*

Remember also that **ci** is often used with **avere**, though it is redundant. **Ci ho,** contracted to **c'ho**, still means *I have*, with an emphasis on here and now.

C'hai le chiavi?   *Do you have the keys (here)?*

APPENDIX C

AUDIO SCRIPT

This section contains a complete transcript of the dialogs, exercises, and quiz questions found on the audio CDs.

CD One: Chapters 1–5

 TRACK 1

GRAZIANA: Salve, Marisa. Come stai?

MARISA: Ciao, bella. Benone e tu?

GRAZIANA: Bene. Andiamo da Franco per un caffè?

MARISA: Sì, va bene. Ma ho un appuntamento alle 9,30 (nove e mezza).

GRAZIANA: Be'. Possiamo prendere un caffè. Anch'io ho da fare.

MARISA: Ah, eccoci qua. Guarda. C'è Paolo. Ciao, Paolo. Come va?

GRAZIANA: Ciao, Paolo. Io sono Graziana.

PAOLO: Buon giorno. Piacere, Graziana. Sto per prendere un caffè. Mi fate compagnia? Offro io.

MARISA: Grazie. Volentieri.

PAOLO: Che c'è di nuovo, Marisa? E Beppe, come sta?

MARISA: Beppe sta molto bene. Lavora troppo. Niente di nuovo.

GRAZIANA: Domani andiamo alla mostra di Giovanni Fattori. Vorresti venire con noi?

MARISA: Sì, vieni. È una mostra bellissima.

PAOLO: Eh, mi piacerebbe accompagnarvi. Ma non posso. Devo lavorare.

MARISA: Allora, un'altra volta.

PAOLO: Sì. Ora scappo, devo andare in ufficio. Ciao. Saluti a Beppe.
MARISA: Grazie. Ciao. Buon lavoro!
GRAZIANA: Arrivederci.

 TRACK 2

vorrei	*I would like*	devo	*I have to*
vorresti	*you would like*	devi	*you have to*
vorrebbe	*he, she, it, you (formal) would like*	deve	*he, she, it, has to; you (formal) have to*
posso	*I am able to*	so	*I know how to*
puoi	*you are able to*	sai	*you know how to*
può	*he, she, it is able to; you (formal) are able to*	sa	*he, she, it knows how to; you (formal) know how to*
preferisco	*I prefer to*	ho voglia di	*I feel like*
preferisci	*you prefer to*	hai voglia di	*you feel like*
preferisce	*he, she, it prefers to; you (formal) prefer to*	ha voglia di	*he, she, it feels like (not usually used formally)*
mi piacerebbe	*I would like (enjoy)*	sto per	*I'm about to*
ti piacerebbe	*you would like*	stai per	*you are about to*
Le piacerebbe	*you (formal) would like*	sta per	*he, she, it is about to; you (formal) are about to*

TRACK 3

1. Cosa vorresti fare? — *Vorrei mangiare.*
2. Preferisci andare al museo o ritornare a casa? — *Preferisco andare al museo.*
3. Sai parlare italiano? — *Sì, so parlare italiano.*
4. Ti piacerebbe mangiare fettucine all'Alfredo? — *Sì, mi piacerebbe.*
5. Puoi venire con noi? — *No, non posso venire con voi.*
6. Devi lavorare oggi? — *Sì, devo lavorare oggi.*
7. Stai per dormire? — *No, non sto per dormire. Sto per leggere.*

TRACK 4

il cinema	la regatta	il prosciutto	il musicista
il motto	lo scherzo	il poeta	adagio
con brio	lo studio	il fiasco	l'editore
gli gnocchi	la villa	l'opera	la stanza
la loggia	il concerto	piano	allegro
il ghetto	bravo	le lasagne	

TRACK 5

1. le lasagne
2. adagio
3. bravo
4. la villa
5. il ghetto
6. il concert
7. l'editore
8. il prosciutto
9. con brio
10. l'opera
11. gli gnocchi
12. il motto
13. lo scherzo
14. piano
15. il fiasco

TRACK 6

Joe DiMaggio	Amerigo Vespucci	Amedeo Giannini
Maria Montessori	Antonin Scalia	Fiorello LaGuardia
Liza Minelli	Madonna	Nancy Pelosi
Mario Cuomo	Sylvester Stallone	Mario Puzo
Rocky Marciano	Enrico Caruso	Enrico Fermi

TRACK 7

Lo studente americano parla italiano?	*The American student speaks Italian?*
Lo studente americano parla italiano.	*The American student speaks Italian.*
Lo studente americano parla italiano!	*The American student speaks Italian!*

TRACK 8

chiaroscuro	mansarda	concerto	terrazza
fortissimo	Rossini	loggia	fanciulla
piazza	cantina	ricotta	bagno
lasagne	medioevo	Ghirlandaio	Rinascimento
tagliatelle	pizza	impasto	Puccini
affreschi	Mirella	Verdi	affitto
zucchino	idraulico	gnocchi	casa
allegro	piano		

TRACK 9

1. Andiamo da Franco per un caffè?
2. Lui lavora troppo!
3. Ho un appuntamento alle 9,30.
4. Non posso.
5. Mi fate compagnia?
6. Non posso?
7. Offro io.
8. Conosci il nuovo professore?

TRACK 10

1. Oh bello!
2. Sì!
3. No.
4. Non ne ho voglia.
5. Eh.
6. Non ce la faccio.
7. Non ce la faccio.
8. Oh sì!
9. Oh sì?
10. Oh sì.

TRACK 11

BEPPE: Ciao, buon giorno, cara! Hai dormito bene?
MARISA: Sì, grazie. Tu?
BEPPE: Sì. Vorresti un caffè?
MARISA: Un caffellatte, per favore.
BEPPE: Io sto per preparare un toast. Ne vuoi uno?
MARISA: No, grazie. Preferirei un cornetto.
BEPPE: Bene. Come vuoi. C'è marmellata di arancia.

MARISA: Perfetto. Oggi è il 12, no? Andiamo alla mostra al Palazzo Strozzi, quella di
Giovanni Fattori?

BEPPE: Sì, sì. E difatti ho già i biglietti.

MARISA: Bello!

 TRACK 12

Days of the week

lunedì	*Monday*
martedì	*Tuesday*
mercoledì	*Wednesday*
giovedì	*Thursday*
venerdì	*Friday*
sabato	*Saturday*
domenica	*Sunday*

Dates, numbers

uno	*one*	diciassette	*seventeen*
due	*two*	diciotto	*eighteen*
tre	*three*	diciannove	*nineteen*
quattro	*four*	venti	*twenty*
cinque	*five*	ventuno	*twenty-one*
sei	*six*	ventidue	*twenty-two*
sette	*seven*	ventitrè	*twenty-three*
otto	*eight*	ventiquattro	*twenty-four*
nove	*nine*	venticinque	*twenty-five*
dieci	*ten*	ventisei	*twenty-six*
undici	*eleven*	ventisette	*twenty-seven*
dodici	*twelve*	ventotto	*twenty-eight*
tredici	*thirteen*	ventinove	*twenty-nine*
quattordici	*fourteen*	trenta	*thirty*
quindici	*fifteen*	trentuno	*thirty-one*
sedici	*sixteen*		

Months of the year

gennaio	*January*	luglio	*July*
febbraio	*February*	agosto	*August*
marzo	*March*	settembre	*September*
aprile	*April*	ottobre	*October*
maggio	*May*	novembre	*November*
giugno	*June*	dicembre	*December*

TRACK 13

Trenta giorni ha novembre
Con aprile, giugno e settembre.
Di ventotto ce n'è uno.
Tutti gli altri ne han trentuno.
Rosso di mattina
L'acqua s'avvicina.
Rosso di sera
Bel tempo si spera.

TRACK 14

Oggi è lunedì, il due marzo.
Fa brutto tempo.
Oggi vorrei dormirme.

TRACK 15

6.	Come stai?	Bene.
7.	Al bar tu ordini	il caffè.
8.	Ciao! Buon giorno!	Salve.
9.	Fiorello LaGuardia era	politico.
10.	La mostra dell'opera di Giovanni Fattori è	al museo.

TRACK 16

PAOLO: Ciao, Graziana. Sono Paolo, l'amico di Marisa.

GRAZIANA: Ciao, Paolo. Sì, sì, ti ricordo bene. Come stai?

PAOLO: Bene, grazie. E tu?

GRAZIANA: Bene. Vieni qui spesso?

PAOLO: Sì. Purtroppo compro molti libri.

GRAZIANA: Anch'io. Che tipo di libro ti piace?

PAOLO: Tutti i libri mi piacciono. Mi piacciono i romanzi, i gialli, la storia, la biografia ed i libri di ricette.

GRAZIANA: Sai cucinare?

PAOLO: Mio padre ha un ristorante cosicchè è da sempre che lavoro in cucina. Ed anche in giardino.

GRAZIANA: Bravo! Mi piacerebbe cucinare ma mia madre si occupa di quello.

PAOLO: A proposito, ti posso preparare una bella cena. Che ne dici? Sabato sera va bene?

GRAZIANA: Ok, volentieri. Perchè non mi telefoni con i particolari? Ecco il mio numero di telefono.

PAOLO: Benone. Non vedo l'ora. Ne parliamo domani. Ciao.

GRAZIANA: Ciao, Paolo.

TRACK 17

1. Buon giorno, Signora Bertoli.
2. Buon giorno, Dottore.
3. Buona sera, Signore.
4. Buona notte. A domani.
5. Ciao!
6. Buon giorno, ragazzi!
7. Arrivederci!
8. Salve, Piero! Come va?
9. A presto!
10. Ci vediamo!

TRACK 18

LORENZO: Pronto?

PAOLO: Pronto. Buona sera. Sono Paolo Franchini. C'è Graziana, per favore?

LORENZO: Sì, un attimo. Come si chiama?

PAOLO: Mi chiamo Paolo Franchini.

LORENZO: Bene. Gliela passo. Graziana! Telefono! È un signor Franchini.

GRAZIANA: Grazie, Babbo. Pronto?

PAOLO: Ciao, Graziana. Sono Paolo. Disturbo?

GRAZIANA: No, Paolo. Come stai?

PAOLO: Bene. Volevo confermare la cena per sabato sera.

GRAZIANA: Sì, va bene. A che ora devo presentarmi da te?

PAOLO: Alle 8,00 va bene? O puoi venire più presto ed aiutarmi in cucina.

GRAZIANA: Eh... Va bene alle 8,00. Posso portare qualcosa?

PAOLO: No, no. Ti piace il pesce?

GRAZIANA: Sì, mi piace il pesce. E non sono vegetariana. E non ho allergie.

PAOLO: Perfetto. Allora ti do l'indirizzo. Lungarno Archibusieri, numero 8. Sai dov'è?

GRAZIANA: Vicino alla Piazza del Pesce, cioè al Ponte Vecchio, vero?

PAOLO: Sì, infatti l'edificio dà sulla Piazza del Pesce e sul Corridoio Vasariano. Ci vediamo sabato sera alle otto. Arrivederci.

GRAZIANA: Ciao.

 TRACK 19

Conversation 1:
Pronto?
Pronto. Buon giorno. C'è Giacomo?
Sì. Un attimo.

Conversation 2:
Pronto?
Pronto. Sono Mirella. C'è Francesco?
No, non c'è.
Grazie. Buon giorno.
Buon giorno.

Conversation 3:
Pronto?
Ciao. Sono Nico.
Ciao, Nico! Come stai?
Bene. Tu?
Bene.
Vorresti andare al cinema?
Mi piacerebbe ma devo lavorare.
Eh. Forse la settimana prossima.
OK.
Ci risentiamo sabato. Va bene?
Sì. Va molto bene.
Allora, ciao ciao.
Ciao. Ciao.

 TRACK 20

1. Sei studente o dottore? — *Io sono studente. Io sono dottore. Non sono studente. Non sono dottore.*
2. Che giorno è oggi? — *Oggi è lunedì.*
3. Lei è vegetariana? — *No, non sono vegetariana.*
4. Sei italiano o americano? — *Sono americano.*
5. È buono il vino? — *Sì, il vino è buono.*

PAOLO: Di dove sei?

GRAZIANA: Sono di Firenze. Anche mia madre è di Firenze; ma il babbo è di Roma.

PAOLO: Mio padre e mia madre sono di Firenze.

PAOLO: Che lavoro fai?

GRAZIANA: Sono professoressa. Tu?

PAOLO: Sono medico.

GRAZIANA: Anche Marisa è medico, è un pediatrica. Qual è la tua specializzazione?

PAOLO: Sono chirurgo pediatrico. Ma mi piacerebbe fare il giornalista.

PAOLO: Cosa insegni?

GRAZIANA: Insegno letteratura americana.

PAOLO: Dove?

GRAZIANA: All'università.

PAOLO: Così, parli inglese.

GRAZIANA: Certo.

PAOLO: Beppe cosa fa?

GRAZIANA: Lui sta a casa con le bambine. Ma è un autore. Scrive biografie. È famoso.

PAOLO: Come?

GRAZIANA: È famoso. Ma il nome che usa da scrittore è Guglielmo Brancusi.

1. caffè
2. piazza
3. l'ufficio
4. arrivederci
5. Ciao!
6. poeta
7. studio
8. Bravo!
9. le lasagne
10. l'editore
11. telefono
12. terrazza
13. concerto
14. musica
15. turisti
16. professore
17. espresso
18. museo
19. medico
20. biografie

1. Di dove sei?   *Sono di Chicago.*
2. Cosa fai?   *Sono giornalista.*
3. Come ti chiami?   *Mi chiamo Anna.*
4. Tu sei studente (studentessa)?   *Sono (Non sono) studente (studentessa).*
5. Sei a casa?   *Sì, sono a casa.*

🔘 **TRACK 24**

Paolo è medico, anche Marisa è medico. Loro sono di Firenze. Beppe lavora a casa. Graziana lavora all'università. Sono amici. Vanno a teatro sabato sera. Il teatro è in Via Verdi. C'è una rappresentazione di «La Bohème» di Giacomo Puccini.

1. Chi va a teatro?	*Paolo, Marisa, Beppe e Graziana vanno a teatro.*
2. Dov'è il teatro?	*Il teatro è in Via Verdi.*
3. Come si chiama il medico?	*Il medico si chiama Paolo.*
4. Dove lavora Beppe?	*Beppe lavora a casa.*
5. Cosa c'e a teatro?	*C'è una rappresentazione di La Bohème.*
6. Chi e il compositore di «La Boheme»?	*Giacomo Puccini è il compositore di «La Bohème».*
7. Quando vanno a teatro?	*Vanno a teatro sabato sera.*
8. Di dove sono Paolo, Graziana, Marisa e Beppe?	*Loro sono di Firenze.*

🔘 **TRACK 25**

MARISA: Che pittore bravo, Giovanni Fattori.

BEPPE: Sì, sono d'accordo. È unico.

MARISA: Di dov'è?

BEPPE: Era di Genova, credo.

MARISA: Sai, preferisco l'opera di Annigoni.

BEPPE: Anche lui era bravo. Ma io preferisco Fattori.

MARISA: Be', Annigoni e Fattori sono ambedue bravi. Allora, fra due settimane andiamo a teatro con Graziana e Paolo.

BEPPE: Sono... eh... amici?

MARISA: Sì. Lui e lei sono intelligenti, simpatici e—molto importante—non sono sposati.

BEPPE: Tu sei contenta. Perchè?

MARISA: Perchè è una coppia deliziosa. E perchè sono felici insieme.

BEPPE: Lui, com'è? E lei?

MARISA: Lui è alto, bruno e bello. Intelligente. Come chirurgo è molto bravo, lavora molto. E Graziana è una professoressa anche molto intelligente. E brava. Lei è bionda, magra, con gli occhi verdi. Insomma, sono persone carine.

BEPPE: Lui è di Firenze?

MARISA: Sì, ed anche lei.

🔘 **TRACK 26**

1. Chi sono io? Sono (relativamente) giovane, nero, magro, alto, intelligente e importante. Sono americano. Abito a Washington ma sono di Chicago. Sono politico.

2. Chi sono io? Sono un ragazzo italiano. In principio, non ero vero o vivo, ma ero la creazione del babbo, Geppetto. Ho un naso che può essere molto lungo. Ho un gatto che si chiama Figaro e un amico che è la mia coscienza e che si chiama Grilletto.

3. Che cosa sono? Sono una cosa da mangiare. Sono italiana. Sono semplice e fondamentale alla cucina italiana. Mi può mangiare con il ragù. Ho molte forme e molti nomi.

TRACK 27

BEPPE: Oggi, siccome è il 31, devo andare alla banca ed anche a pagare le bollette della luce, del gas, e dell'acqua. Hai bisogno di qualcosa dal centro?

MARISA: Sì, puoi andare alla tintoria? Ho un sacco di abiti che sono pronti.

BEPPE: La tintoria o la lavanderia?

MARISA: La tintoria.

BEPPE: Senz'altro. A che ora torni stasera?

MARISA: Be', ho un appuntamento alle 7,00 (sette). Posso ritornare verso le 9,00 (nove).

BEPPE: Allora, io posso prendere le ragazze a scuola. Hanno lezioni stasera?

MARISA: Sì, Francesca e Paola, tutt'e due, hanno lezioni di ballo. Ricordi?

BEPPE: Certo. Ok. Mercoledì, la danza; lunedì, la musica; sabato, il calcio. Giovedì... hanno qualcosa giovedì?

MARISA: No, sono libere il giovedì.

BEPPE: A che ora?

MARISA: Dalle 5,00 (cinque) alle 7,00 (sette).

BEPPE: Devo preparare la cena?

MARISA: Se vuoi. O invece posso andare alla rosticceria. Loro hanno cose buonissime. Cosa vuoi mangiare?

BEPPE: Stasera... boh... non lo so. Un pollo arrosto con patate e un altro contorno? Ma perchè non vado io. Tu hai abbastanza da fare.

MARISA: Va bene. Forse un'insalata. Ma hai tempo libero, cioè tempo per lavorare?

BEPPE: Sì. Non vado in centro fino alle 11,00 (undici).

TRACK 28

1. Il presidente degli Stati Uniti, ha un cane?   *Il presidente ha un cane.*
2. Tu hai bisogno di mangiare?   *Sì, ho bisogno di mangiare.*
3. Beppe ha molto da fare?   *Beppe ha sempre molto da fare.*
4. L'Italia ha una buona cucina?   *L'Italia è famosa per la buona cucina.*
5. Francesca e Paola hanno molte lezioni?   *Sì, le ragazze hanno molte lezioni—*
       di danza, musica, calcio.

TRACK 29

Beppe prende il bus numero 23 per andare alla banca. Ha il biglietto, comprato all'edicola. Arriva in centro alle 11,30 (undici e trenta). Va direttamente alla banca per ritirare dei soldi. Poi va alla tintoria. Ma che errore! Ha i vestiti di Marisa quando va alla posta. Molto scomodo! All'ufficio postale (la posta) paga le bollette, in contanti. Poi torna a casa.

TRACK 30

TU: Buon giorno.
COMMESSO: Buon giorno.
TU: Vorrei cambiare dei soldi, per favore.
COMMESSO: Bene. Ha un documento, un passaporto?
TU: Sì, ecco il passaporto.
COMMESSO: Lei è americano?
TU: Sì, sono di Chicago.
COMMESSO: Vanno bene pezzi da 50 Euro?
TU: Sì, credo di sì. Mi dica c'è qua vicino un ufficio postale?
COMMESSO: Infatti. All'angolo, a sinistra, c'è l'ufficio postale.
TU: Grazie, arrivederci.
COMMESSO: Arrivederci.

TRACK 31

BEPPE: Ciao, belle!
FRANCESCA, PAOLA: Ciao, babbo!
FRANCESCA: Babbo, sai cosa? Ho un nuovo libro. Guarda.
BEPPE: Amore, non posso guidare e guardare allo stesso momento. Fammelo vedere a casa.
PAOLA: Dove andiamo? Non è la strada di casa.
BEPPE: È una sorpresa.
PAOLA: Mi piacciono le sorprese.
FRANCESCA: Dov'è la mamma?
BEPPE: Ha un appuntamento. Noi andiamo in rosticceria.
PAOLA: Non è una sorpresa.
BEPPE: Avete compiti?
PAOLA, FRANCESCA: Sì, purtroppo.
FRANCESCA: Io preferisco leggere il mio nuovo libro. Non mi piacciono i compiti.
BEPPE: Ma sono necessari.
FRANCESCA: Perchè?

BEPPE: Emm... perchè... perchè... Eccoci qua alla rosticceria. Cosa volete mangiare? Va bene un bel pollo arrosto con contorni di patate e spinaci?

PAOLA: Non mi piacciono gli spinaci. Hanno fagiolini?

BEPPE: Credo di sì.

FRANCESCA: Possiamo ordinare un dolce? Torta della nonna?

PAOLA: Sì, Babbo, per favore. Abbiamo bisogno di un dolce. Abbiamo molti compiti e abbiamo bisogno di energia.

🔘 TRACK 32

GRAZIANA: Cosa vorresti fare oggi? C'è una scelta incredibile.

PAOLO: Boh. Mi piacerebbe andare al cinema. C'è un nuovo film di Benigni. Ma fa bel tempo. Meglio stare fuori.

GRAZIANA: Possiamo andare al mercato.

PAOLO: Che bell'idea! C'è il mercato di antichità in Piazza Ciompi. Mi piacciono i negozi là.

GRAZIANA: OK. E poi, c'è un ristorante vicino al mercato che vorrei provare.

PAOLO: Quale ristorante?

GRAZIANA: Si chiama... non ricordo il nome. Ma so dov'è.

PAOLO: Com'è?

GRAZIANA: È piccolo con un menu toscano. Non è caro. Ha una cucina casalinga favolosa.

PAOLO: E poi stasera?

GRAZIANA: Poi stasera possiamo andare al cinema. Ti piacciono i film di Benigni?

PAOLO: Sì, mi piacciono molto. Ma mi piace anche la lirica.

GRAZIANA: Anche a me. C'è una rappresentazione di «Rigoletto» al Teatro Communale.

PAOLO: Vediamo se ci sono biglietti.

GRAZIANA: O possiamo sempre restare a casa.

PAOLO: Sì, è una possibilità.

🔘 TRACK 33

1. Cosa vorresti fare?
2. Preferisci andare al cinema o al museo?
3. Andiamo al mercato?
4. Ti piace mangiare in ristoranti nuovi?
5. Che tempo fa?
6. Ci sono molti turisti al Museo Civico?
7. C'è un nuovo film che vorresti vedere?
8. Ti piacciono i Futuristi? C'è una mostra.
9. C'è un teatro qua vicino?
10. A che ora è l'opera?

TRACK 34

1. Questa città non ha strade tradizionali, ma canali pieni di acqua. Ha l'architettura bizantina ma anche occidentale. Ci sono molti ponti qui. Quale città è?

2. È un libro italiano—vecchio vecchio—che parla di Firenze, dell'amore, dell'inferno, del purgatorio e del paradiso. Ci sono personaggi "veri"—cioè Beatrice, Vergile, Giulio Cesare, Ulisse e Dante Alighieri. Come si intitola?

3. È un uomo fiorentino, un chirurgo. Compra molti libri. Sa cucinare (infatti il padre è proprietario di un ristorante). Secondo Marisa, è intelligente e simpatico, alto, bruno e bello. Come si chiama?

4. È una donna molto famosa. È italo-americana. Oggi (almeno) ha i capelli biondi. Canta. Scrive. Ha svolto il ruolo di Evita nel film dello stesso nome. Il suo nome vero è Louise Veronica Ciccone. Chi è?

TRACK 35

BEPPE: Buon giorno, care. Avete dormito bene?

FRANCESCA: Babbo, ciao! Sì come un ghiro.

PAOLA: Io, no. E ho sonno. Devo proprio andare a scuola? Non ne ho voglia.

BEPPE: Sì, cara. Devi andare a scuola.

FRANCESCA: Ho fame e sete.

PAOLA: Anch'io ho fame.

BEPPE: Be', c'e cioccolato caldo e un toast.

FRANCESCA: Ummm. Babbo, oggi è giovedì, no? Ho bisogno di una felpa.

PAOLA: Babbo, sai che non mi piace il toast. Posso mangiare biscotti o cereale o frutta?

BEPPE: Sì, tesoro. Puoi mangiare cereale e frutta. Francesca, perchè hai bisogno di una felpa?

FRANCESCA: Perchè andiamo al parco. Ed io ho sempre freddo.

PAOLA: Ho paura del parco.

BEPPE: Perchè?

PAOLA: Perchè ci sono cani grossi là.

BEPPE: Hai ragione. Ci sono molti cani grossi. Ma non devi averne paura. Sono simpatici.

FRANCESCA: Tu, Paola, quanti anni hai? Perchè hai paura dei cani?

PAOLA: Perchè i cani non sono simpatici.

FRANCESCA: Hai torto! Devi avere pazienza con loro. Non avere fretta. Sono amichevoli.

PAOLA: Preferisco i gatti. A proposito, Mamma, posso avere un gatto?

TRACK 36

FRANCESCA: Ho molto sonno. Più di te.

PAOLA: No, io ho molto, molto sonno. Più di te.

FRANCESCA: OK. Noi due abbiamo sonno. È vero. Però, io ho anche fame.

PAOLA: Io ho molta fame, una fame da lupo.

FRANCESCA: Ho più anni di te. Ho 10 (dieci) anni e tu hai soltanto 8 (otto).

PAOLA: Vero, ma io sono più simpatica.

FRANCESCA: Eh? Sono più alta, più intelligente, più carina.

PAOLA: Io invece ho più libri e più amici.

FRANCESCA: No, non è possibile. Hai pochi libri e molti giocattoli. Insomma, sei molto giovane.

PAOLA: Hai torto! Tu sei antipatica.

FRANCESCA: Ma sì, sei una bimba. Hai perfino paura dei cani.

PAOLA: Soltanto i cani grossi. Mi piacciono più i gatti.

FRANCESCA: Hai voglia di trovar una gatta, vero?

PAOLA: Da morire!

FRANCESCA: Ho un'amica di scuola che ha gattini.

PAOLA: Possiamo averne uno?

FRANCESCA: La mamma non ce lo permetterebbe.

PAOLA: Perchè non glielo chiediamo?

FRANCESCA: No... ma ho una buon'idea. Se arrivo a casa con un bel gattino, ecco fatto. Se non chiediamo, no può dire di no...

PAOLA: Sei molto furba, più furba di me.

TRACK 37

1. cinque più sette fa dodici
2. undici meno sei fa cinque
3. trenta meno due fa ventotto
4. due più dodici fa quattordici
5. uno più diciotto fa diciannove
6. otto più otto fa sedici
7. tre più venti fa ventitrè
8. ventiquattro meno diciotto fa sei
9. ventitre meno quindici fa otto
10. nove più uno fa dieci

TRACK 38

1492	millequattrocentonovantadue
1861	milleottocentosessantuno
1848	milleottocentoquarantotto
1776	millesettecentosettantasei
1517	millecinquecentodiciassette
1265	milleduecentosessantacinque

 **TRACK 39**

PAOLO: Che bella tavola! Pranziamo qui, in giardino?

MARISA: Grazie. Sì, quando fa bel tempo, pranziamo qui fuori. Io trovo che fa bene. Poi dopo possiamo fare due passi se volete.

GRAZIANA: Bell'idea. Io quasi sempre faccio due passi dopo cena. Ho una nuova macchina fotografica e forse posso fare delle foto.

PAOLO: Ma dove sono le ragazze? E Beppe?

MARISA: Le ragazze sono dai nonni. Fanno loro visita, quasi ogni settimana. E Beppe è al telefono. Ma arriva.

GRAZIANA: So che tu sei una brava cuoca, Marisa. Cosa mangiamo stasera?

MARISA: È un pranzo tradizionale, semplice. Per primo, tagliatelle al limone. Per secondo, salmone al burro e salvia e verdura. Poi dell'insalata verde. Come dolci, per le ragazze ho preparato salame al cioccolato e siccome loro non lo hanno mangiato tutto—un miracolo—abbiamo il salame e dei cantucci con il vin santo.

GRAZIANA: Io adoro salame al cioccolato! Il mio biscotto preferito. Posso fare qualcosa?

MARISA: No, grazie. Ecco Beppe. Possiamo cominciare.

TRACK 40

RISTORANTE: Pronto?

MARISA: Pronto, buon giorno. Vorrei fare una prenotazione per stasera.

RISTORANTE: Sì, a che ora?

MARISA: Verso le 8,30, se c'è posto.

RISTORANTE: Per quante persone?

MARISA: Quattro. Siamo in quattro.

RISTORANTE: Va bene. Il cognome, per favore.

MARISA: Bicci—Bologna, Ischia, Cremona, Cremona, Ischia.

RISTORANTE: Allora, quattro alle otto e mezza. A stasera. Buon giorno.

MARISA: Grazie, buon giorno.

Al ristorante (*At the restaurant*)

CAMERIERE: Buona sera.

ALL: Buona sera.

CAMERIERE: Da bere?

PAOLO: Un litro di acqua naturale. E vorrei ordinare una bottiglia di Prosecco con una selezione di crostini.

CAMERIERE: Subito. Poi per primo?

GRAZIANA: Io vorrei tortelli di patate.

MARISA: Io, invece, le lasagne al forno.

BEPPE: Posso avere mezza porzione delle lasagne?

CAMERIERE: Certo.

PAOLO: Ed io, gli gnocchi ai quattro formaggi. Per il secondo, ci pensiamo poi.

MARISA: Prosecco? Festeggiamo qualcosa?

PAOLO: Sì. Graziana ed io ci sposiamo.

MARISA: Che bella sorpresa! Tanti auguri!

BEPPE: Auguroni!

MARISA: Quando sono le nozze?

GRAZIANA: Probabilmente in ottobre.

TRACK 41

1. Gli amici fanno pranzo da Beppe e Marisa.
2. Le ragazze sono a scuola.
3. Graziana ha una nuova macchina fotografica.
4. Mangiano in cucina.
5. Non mangiano un dolce.
6. Beppe e Marisa si sposano.
7. I quattro amici hanno una prenotazione per le 9,30 (nove e mezza).
8. Paolo ordina vari crostini.

TRACK 42

PAOLO: Cara, quando arrivano Jake e Beatrice? E davvero, si chiama Jake? Non è di origine italiana?

GRAZIANA: Arrivano il 20 (venti) ottobre. Sì, è italo-americano e professore d'italiano. Ma evidentemente il nome Giacomo è troppo difficile per gli americani e lui usa Jake.

PAOLO: Non è neanche lo stesso nome. Noi possiamo usare Giacomo, no?

GRAZIANA: Certo. "Paese che vai, usanza che trovi."

PAOLO: Allora, lui insegna italiano. Lei, cosa fa?

GRAZIANA: Beatrice è il capocuoco, uno chef, in un ristorante italiano. E ha voglia di conoscere tuo padre.

PAOLO: Glielo presento molto volentieri.

GRAZIANA: Vogliono visitare ristoranti che servono piatti tipici. E preferiscono andare in campagna. Hanno solo due settimane.

PAOLO: Benone. Possiamo andare alla Sagra del Tartufo a Sant'Angelo in Vado; c'è anche una sagra del cinghiale e quella dei tortelli di patate nel Casentino. El il bel ristorante del mio amico nel Chianti dove preparano piatti etruschi... E...

GRAZIANA: ... e quella vigna vicino ad Arezzo dove producono olive e olio e vino.

PAOLO: Devono mangiare una bistecca alla fiorentina... e devono andare al mercato centrale. Oh, c'è troppo da fare. Purtroppo fanno un giro breve.

GRAZIANA: Sai, c'è una rivista molto bella che parla di tutti i ristoranti d'Italia. Posso comprarne una domani all'edicola.

 TRACK 43

C'è una professoressa di letteratura americana che si chiama Graziana Bicci. È molto brava. Ha una piccola famiglia a Firenze. Il suo fidanzato si chiama Paolo Franchini. Lui è chirurgo. Si sposano in ottobre. A loro piace andare al museo, fare due passi, pranzare con gli amici e leggere libri. Hanno amici americani (si chiamano Jake e Beatrice) che arrivano in Italia in ottobre. Gli amici fanno un giro culinario. La miglior amica di Graziana si chiama Marisa. Marisa è sposata. Ha due figlie, Francesca e Paola, di dieci e otto anni. Il marito si chiama Beppe. Tutte queste persone sono giovani, simpatiche e intelligenti.

1. Cosa fa Graziana?	*Fa professoressa.*
2. Dove vivono Graziana, Beppe, Marisa e Paolo?	*Vivono a Firenze.*
3. Quando si sposano Graziana e Paolo?	*Paolo e Graziana si sposano in ottobre.*
4. Da dove arrivano gli amici?	*Gli amici, Jake e Beatrice, arrivano dagli Stati Uniti.*
5. Che tipo di giro fanno gli amici americani?	*Fanno un giro culinario.*
6. Quante figlie ha Marisa?	*Marisa ha due figlie.*
7. Come si chiama il marito di Marisa?	*Il marito di Marisa si chiama Beppe.*
8. Come sono queste persone?	*Queste persone sono giovani, simpatiche e intelligenti.*

 TRACK 44

bene   dispiace   prenotare   Roma   Stasera

Buona sera. Vorrei prenotare un tavolo per quattro persone per le nove, stasera.

Mi dispiace. Per le nove non è possibile. Va bene per le nove e mezza?

Sì. Il cognome è Garda—Genova Ancona Roma Domodossola Ancona.

CD Two: Chapters 6–10

TRACK 1

BEATRICE: Arriviamo a Firenze il 20 ottobre verso le undici. Dove stiamo quest'anno?

JAKE: Ti piace quel piccolo albergo proprio nel centro storico, vero?

BEATRICE: Oh sì. È bello, piccolo e le persone che ci lavorano sono molto simpatiche. Per di più, non costa un occhio. Facciamo una prenotazione.

JAKE: Ok. Vediamo un po'. Arriviamo a Firenze il 20 ottobre. Ripartiamo da Firenze il 2 novembre se non sbaglio. Poi andiamo a Marzabotto per visitare il Museo Etrusco. E passiamo la notte vicino a Milano. Poi l'indomani, cioè il 3 novembre, torniamo negli Stati Uniti.

BEATRICE: Sai , non c'è soltanto il Museo Etrusco a Marzabotto. C'è l'unica città etrusca d'Italia. E a Marzabotto c'è anche il cimitero partigiano.

JAKE: Per confermare la prenotazione all'albergo ho bisogno della carta di credito. Quando scade?

BEATRICE: La scadenza è scritta qui—giugno 2012.

JAKE: C'è altro che devo chiedere?

BEATRICE: Be', una camera doppia, con letto matrimoniale, servizi e tutto compreso. Servono una bella prima colazione.

JAKE: Oltre a Firenze e Marzabotto, dove andiamo?

BEATRICE: Andiamo ad Arezzo, a Gubbio, alla Gola del Furlo, a Sant'Angelo in Vado...

JAKE: Perchè in questi posti piccoli?

BEATRICE: Per mangiare, amore, per mangiare!

TRACK 2

1. Parli italiano? — *Si. Parlo italiano.*
2. Dove lavori? — *Lavoro in una scuola. Lavoro in un ristorante. Lavoro in un ufficio.*
3. Cosa preferisci mangiare quando hai fame? — *Preferisco mangiare pizza. Preferisco mangiare un'insalata. Preferisco mangiare una bistecca.*
4. Visiti la famiglia spesso? — *Sì, visito la famiglia spesso.*
5. Quando torni a casa, cioè a che ora? — *Torno a casa tardi.*
6. Compri molte cose in Italia? — *No, non compro molte cose in Italia.*
7. Ti piace andare in Italia? — *Sì, mi piace da morire!*
8. Insegni? Sei professore? — *Sì insegno. Non sono professore.*
9. Sai cucinare? — *Sì, so cucinare.*
10. Ricordi il nome del ristorante vicino al mercato? — *No, non ricordo il nome del ristorante vicino al mercato.*
11. Chi paga il conto? — *Pago io.*
12. Vuoi guardare la televisione? — *No, non ho voglia di guardare la televisione.*
13. Prendi un caffè? — *Sì, prendo un caffè bello caldo.*
14. Hai voglia di andare al museo? — *Sì, ne ho voglia.*
15. Quanti anni hai? — *Ho trenta anni.*
16. Come sei tu? — *Sono alta, intelligente, simpatica e felice.*
17. Leggi molto? — *Leggo moltissimo.*
18. Quando hai freddo, prendi tè o caffè? — *Quando ho freddo, prendo the caldo.*
19. Telefoni alla famiglia ogni giorno? — *Sì, telefono alla famiglia ogni giorno.*
20. Dormi bene quando fai un viaggio? — *No, non dormo bene quando faccio un viaggio.*

TRACK 3

JAKE: Mamma mia, ma le zanzare sono feroci!

BEATRICE: Hai ragione! Dimentico sempre che qui a Firenze, specialmente vicino all'Arno, ci sono zanzare tutto l'anno. Andiamo in farmacia per un repellente. E mentre siamo fuori, devo comprare dei francobolli per le cartoline e un orario dei treni.

JAKE: Primo, la farmacia per un repellente, poi il tabaccaio per i francobolli e se non sbaglio c'è un edicola dove possiamo comprare l'orario.

BEATRICE: Sai leggere l'orario dei treni? Secondo me, non è mica facile da capire.

JAKE: Mi arrangio.

BEATRICE: Bravo! Tu ce la fai sempre. Anche all'edicola dove hanno una bella selezione di cartoline vediamo se c'hanno il libro «English Yellow Pages». È molto utile. Vorrei andare anche dal fruttivendolo. Ho bisogno di frutta fresca.

JAKE: Va bene. Cosa è il libro «English Yellow Pages»?

BEATRICE: È un libro con liste e liste di negozi, medici, scuole dove si parla inglese. Non conosci il libro perchè non ne hai bisogno.

JAKE: E tu? Tu parli benone l'italiano.

BEATRICE: Sì, ma se devo andare dal medico o in Questura, ad esempio, e tu non ci sei, non ce la faccio in italiano. Meglio in inglese.

JAKE: Lasciamo la chiave e recuperiamo i passaporti. Devo cambiare dei soldi.

TRACK 4

JAKE: Perchè non prepariamo un calendario. Le nozze sono il 22; ripartiamo da Firenze il 2 novembre. Ho prenotazioni per gli Uffizi il 31. Che ne dici di andare ad Arezzo il 24? Devo confessare che ho già i biglietti per visitare gli afreschi di Piero della Francesca...

BEATRICE: È una buon'idea. Possiamo andare ad Arezzo in treno. Ci sono una trentina di treni ogni giorno se leggo l'orario correttamente.

JAKE: Sì, leggi correttamente l'orario. I treni da Firenze a Roma partono quasi ogni ora. Le prenotazioni sono per le 10,00 (dieci). Dobbiamo partire verso le 8,00 (otto). C'è un EuroStar alle 8,19—ma non ci ferma. Allora, c'è un treno alle 8,22 (otto ventidue) che arriva ad Arezzo alle 9,03 (nove e tre). Va bene?

BEATRICE: Sì, poi abbiamo tempo per uno spuntino al caffè di fronte alla chiesa dove ci sono gli affreschi.

JAKE: Non trovo un treno che ferma a Gubbio. Dobbiamo noleggiare una macchina per qualche giorno?

BEATRICE: Credo di sì. Se andiamo a Gubbio e la Gola del Furlo e Sant'Angelo in Vado e forse ad Urbino, dobbiamo fare un solo giro. E poi è molto più semplice in macchina che in treno o in bus.

JAKE: In un solo giorno!

BEATRICE: No, no. Ma dobbiamo ritenere la camera qui e poi non dobbiamo fare le valigie di nuovo.

JAKE: Prodiga!

BEATRICE: No, davvero, no. Per di più, se l'albergo è completo durante gli ultimi giorni del nostro viaggio?

JAKE: Bene, suppongo di sì. Dobbiamo noleggiare una macchina anche per andare a Marzabotto e poi a Milano?

BEATRICE: Assolutamente! È difficile andare a Marzabotto. E poi strada a Milano, c'è un ristorante favoloso in campagna... E a proposito, un'amica mia che abita ad Arezzo vuol invitarci a pranzare in un ristorante vicino a Monterchi. Possiamo visitare la Madonna del Parto di Piero della Francesca e mangiare in campagna.

TRACK 5

Jake e Beatrice arrivano in Italia, specificamente a Firenze, il 20 ottobre. Ci vanno per le nozze, cioè il matrimonio di Paolo e Graziana. Stanno in un albergo (un hotel) in centro e visitano vari musei. Mangiano in molti ristoranti diversi. Visitano anche Arezzo e vari posti piccoli per provare la cucina locale. Portano ognuno una piccola valigia. Viaggiano in treno e in macchina.

1. Quando arrivano in Italia Jake e Beatrice?   *Jake e Beatrice arrivano in Italia il 20 ottobre.*

2. A quali città vanno?   *Vanno a Firenze, Arezzo e vari piccoli posti.*

3. Perchè vanno in Italia?   *Vanno per le nozze di Graziana e Paolo.*

4. Dove stanno a Firenze?   *Restano in un albergo in centro.*

5. Che cosa vogliono provare?   *Vogliono provare la cucina locale.*

6. Quante valigie portano?   *Portano due valigie piccole.*

TRACK 6

BEATRICE: C'è una rappresentazione di «La Bohème». Perchè non ci andiamo? Canta "il nuovo Pavarotti".

JAKE: Impossibile. Non c'è un nuovo Pavarotti. Lui era unico.

BEATRICE: Bene, in ogni caso deve essere bravo per avere ricevuto questo titolo. Ci sono biglietti per il 25, il 28 e il 29. Quali preferisci?

JAKE: Il 25, perchè andiamo a Gubbio il 26, no? Sono cari?

BEATRICE: Sono un po' cari. Leggi qui.

JAKE: Vorrei dei biglietti di palco. Costano 65 (sessantacinque) Euro. Va bene?

BEATRICE: Certo. Mi piacciono i palchi perchè puoi vedere il palcoscenico.

JAKE: Sono d'accordo. Proverò a prenotarli oggi. C'è altro che vorresti vedere? Vedo che al teatro sperimentale presentano «Sei personaggi in cerca d'autore».

BEATRICE: Oh, mi piacerebbe tanto. Non l'ho mai visto in teatro. Soltanto al cinema perchè ne hanno fatto un film.

JAKE: Okay. Cercherò i biglietti anche per quello.

BEATRICE: C'è un concerto? Forse al Palazzo Vecchio?

JAKE: Mi informerò.

TRACK 7

BEATRICE: Che bella produzione! Mi è piaciuto il tenore, ma avevi ragione. Non era Pavarotti. La scenografia ed i costumi erano splendidi. Povera Mimi. Era così dolce e così ammalata.

JAKE: E povero Rodolfo. Per lui, Mimi e l'amore erano immortali.

BEATRICE: Era proprio triste, al solito. Ho visto «La Bohème» molte volte e mi fa sempre piangere.

JAKE: Sì, fa piangere il cuore.

BEATRICE: Sono interessanti gli altri personaggi, anche se stereotipati.

JAKE: Ma certo. Sono stereotipati perchè hanno le origini nella commedia dell'arte dove tutti i personaggi erano tipi, o maschere; cioè rappresentavano una caratteristica umana.

BEATRICE: Se non sbaglio, Shakespeare usava spesso questi personaggi.

JAKE: È vero, ma lui trasformava questi caratteri in personaggi più universali. Per questo continuiamo a leggere e vedere i drammi di Shakespeare. La commedia dell'arte è vista raramente oggi giorno.

TRACK 8

BEATRICE: Per me, è sempre interessante il ruolo di Mimi.

JAKE: Perchè?

BEATRICE: Perchè è un ruolo difficile. Lei deve essere dolce e innocente, anche ingenua, e allo stesso tempo, forte.

JAKE: Ma questa Mimi non era forte. Mi sembrava un po' sciocca.

CAMERIERE: Ecco signori, gli antipasti. Per la signora, la terrina di verdura; per il signore, il salmone affumicato. Avete scelto un primo?

BEATRICE: Non mangio il primo stasera, ma per secondo vorrei il coniglio farcito alle erbe aromatiche e un'insalata verde.

JAKE: Io invece vorrei i rognoncini di vitello e patate al forno. Niente insalata per me.

CAMERIERE: Non ho potuto fare a meno di ascoltare; vi è piaciuta l'opera?

JAKE: Sì, ma non mi è piaciuta la voce di Mimi. Era un po' debole.

CAMERIERE: Certo che Mimi è debole. Muore...

JAKE: Musetta, invece, era bravissima.

BEATRICE: E il ruolo di Musetta richiede una voce molto forte.

CAMERIERE: Ed il tenore? È giovane e non ha mai cantato qui. Lo chiamano "il nuovo Pavarotti."

BEATRICE: Mio marito ed io ne abbiamo appena parlato. E in fin dei conti, lui era bravo. Ma non era certo Pavarotti.

JAKE: Come dice Lei, però, è giovane. E ha dimostrato un grande talento. Chissà? Un giorno...

CAMERIERE: Mi fa piacere sentire questo perchè lui è un mio cugino.

TRACK 9

C'era una ragazza molto bella. Si chiamava Cenerentola. Abitava con due brutte sorellastre. Un giorno hanno ricevuto un invito a un ballo che dava il re. Il re voleva trovare una moglie per suo figlio, il principe. Le sorellastre sono andate al ballo. La bella ragazza voleva andare, ma non aveva un vestito. Tutt'ad un tratto è arrivata una buona fata; e ha mandato la bella ragazza al ballo con un bel vestito bianco ed oro. Il principe si è innamorato subito di Cenerentola. Ma lei è andata via a mezzanotte. Il principe cercava, cercava, cercava Cenerentola e finalmente ha trovato la bella ragazza, grazie a una scarpetta di cristallo. Ha sposato Cenerentola e erano tutt'e due molto felici.

1. Com'era Cenerentola?   *Cenerentola era bella.*
2. Com'erano le sorellastre?   *Le sorellastre erano brutte.*
3. Com'era il vestito di Cenerentola?   *Era un bel vestito bianco ed oro.*
4. Cosa ha fatto il principe quando   *Cercava lei.*
   Cenerentola è andata via?
5. Cosa hanno ricevuto dal re?   *Hanno ricevuto un invito.*
6. Chi ha dato il vestito a Cenerentola?   *La buona fata.*
7. A mezzanotte, cosa ha fatto Cenerentola?   *A mezzanotte, Cenerentola è andata via.*
8. Chi ha sposato il principe?   *Cenerentola ha sposato il Principe.*

TRACK 10

BEATRICE: Hai notato che ci sono mazzi di erbe aromatiche dal fruttivendolo?

JAKE: Sì, ci sono sempre salvia, rosmarino, basilico e altre erbe.

BEATRICE: Si usa il basilico non solo per cucinare. Ho visto del basilico—la pianta—in cucina. Dopo avere preparato il pesce, ad esempio, si usa per togliere l'odore dalle mani.

JAKE: È molto intelligente. Però, i giardini che visitiamo sono proprio enormi. Tutte le ville medicee hanno dei giardini spettacolari.

BEATRICE: Invece di visitare le ville medicee, cosa che abbiamo già fatto, perchè non andiamo a Stia. C'è il Palagio Fiorentino con dei bei giardini.

JAKE: No, è chiuso. È aperto soltanto da giugno a settembre. Ed il Parco Demidoff è anche chiuso. Ci sono andato una volta per una festa. Là si trova quella statua enorme—come si chiama?—l'Appenino, di Giambologna.

BEATRICE: Per le nozze di Graziana andiamo alla Villa Medicea la Ferdinanda. Perchè non torniamo al Giardino di Boboli. C'è la grotta; ci sono i giardini segreti, i cipressi. Insomma, c'e tanto da vedere. È uno dei più grandiosi giardini d'Italia.

JAKE: Va bene. E possiamo fare una passeggiata dopo, al Piazzale Michelangelo.

BEATRICE: Uffa! Se ce la faccio...

TRACK 11

1. Al Giardino di Booli ci sono molte cose da vedere—la grotta, I giardini segreti, I cipressi.
2. Sì, ho visto un giardino formale. No, non ho mai visto un giardino formale.
3. Sì, mi piace lavorare in giardino. No, non mi piace.
4. Sì, ci sono giardini formali negli Stati Uniti.
5. Si usa basilico molto nella cucina italiana.
6. In chiesa, non si parla—ma dipende dalla chiesa.
7. Ieri sono andata in centro.
8. Ero una bambina molto felice.
9. Mi alzo alle cinque.
10. Mi piace fare un picnic quando fa bel tiempo.

TRACK 12

JAKE: Grazie infinite, Graziana, per essere venuta con noi oggi.

GRAZIANA: Figurati, Jake. Io avevo proprio bisogno di scappare per un po'. Non ne potevo piu! Ormai tutto è preparatissimo per le nozze. E volevo vedere voi due.

JAKE: Grazie a te, abbiamo potuto visitare la tomba «La Montagnola». Non la conoscevo.

GRAZIANA: Sai che il padre di una mia cara amica ha scoperto quella tomba.

BEATRICE: Davvero?

GRAZIANA: Sì, lui è architetto ma è molto appassionato di archeologia.

JAKE: La cosa più interessante per me è che quella tomba rispecchia la tomba di Atreo. Ovviamente gli Etruschi hanno viaggiato e hanno imparato molto dalle culture del Medio Oriente e della Grecia.

BEATRICE: Per me la cosa etrusca più commovente è la chimera di Arezzo al Museo Nazionale Archeologico di Firenze.

JAKE: Sono d'accordo. Era un mostro, ma quella statua ha un aspetto—non lo so—quasi umano. Si vede che la chimera è ferita, sta per morire; e sembra triste.

GRAZIANA: Molte persone sono d'accordo con te. Ho un'altra amica americana che, la prima volta che ha visto la chimera, ha cominciato a piangere. Lei va a vedere la chimera ogni volta che si trova a Firenze.

BEATRICE: Hai mai sentito parlare della sindrome di Stendhal? Capita quando hai visto troppa bellezza, per così dire. È una vera malattia.

GRAZIANA: Bene, a Firenze è un vero rischio.

TRACK 13

1. Quali sono tre erbe aromatiche? — *Tre erbe aromatiche sono rosmarino, timo, basilico.*

2. Ci sono molte ville storiche in Italia? — *Sì, ci sono moltissime ville storiche in Italia.*

3. Invece di visitare le ville medicee, dove sono andati Jake e Beatrice? — *Jake e Beatrice sono andati al Giardino di Boboli.*

4. Cosa fa il signore che ha scoperto la tomba etrusca? — *Lui è architetto.*

5. Gli Etruschi hanno copiato o imitato altre culture? — *Gli Etruschi hanno imitato altre culture, specialmente quelle del Medio Oriente.*

6. La chimera era gentile e dolce? — *La chimera non era gentile e dolce.*

7. Hai mai visitato una tomba etrusca? — *Sì, ho visitato varie tombe etrusche. No, non ho mai visitato una tomba etrusca.*

8. Dove si trovano erbe aromatiche? — *Si trovano erbe aromatiche dal fruttivendolo.*

TRACK 14

BEATRICE: L'architettura fiorentina è proprio rinascimentale.

JAKE: Però, si possono vedere livelli diversi di civiltà e di architettura. L'anfiteatro romano, o una parte, è sempre visibile vicino a Santa Croce.

BEATRICE: Hai mai visitato Lucca, Jake? C'è un anfiteatro romano che è ovale, con edifici più moderni che "crescono" dalle mura.

JAKE: A me piace l'architettura del Rinascimento. Quando abbiamo visitato il Palazzo Strozzi, ad esempio, ho potuto immaginare il potere della famiglia.

BEATRICE: Io ho sempre pensato al Palazzo Strozzi come al "Darth Vader" dei palazzi. È forte, scuro, elegante, e ben costruito, solido. Tu sai che ci lavoravo; usavo una delle biblioteche.

JAKE: No, non lo sapevo. Dopo tanti anni continuo a scoprire cose nuove di te. Ciò che mi piace qui in Italia è che non distruggono gli edifici antichi.

BEATRICE: La casa di Paolo si trova in un edificio costruito nel '300.

JAKE: Per andare dalla casa di Paolo, cioè dal Ponte Vecchio, al Duomo, dove andiamo?

BEATRICE: È semplice. Andiamo sempre diritto. Passiamo il Porcellino e la piazza della Repubblica, e poi a destra c'è il Duomo.

JAKE: E dopo, per andare al Mercato Centrale?

BEATRICE: Il mercato non è molto lontano. Dal Duomo giriamo a destra e seguiamo via de' Martelli fino alla piazza San Lorenzo. Poi giriamo a sinistra e passiamo per il Mercato di San Lorenzo. Dopo un po' arriveremo al Mercato Centrale. Il mercato, con due piani e l'architettura moderna, è difficile perdere.

JAKE: Siamo fortunati, sai? Abbiamo visto la storia.

BEATRICE: E abbiamo passeggiato per tutta la città, almeno per la parte storica.

 **TRACK 15**

MARISA: Le olive sono quasi pronte, vedi? Ragazze, non correte nella vigna!

BEPPE: Questa vigna è molto bella. Sarà un buon raccolto.

MARISA: Speriamo! Graziana era bellissima.

BEPPE: Sì, ed anche tu eri bellissima. Quando hai parlato in chiesa, ho quasi pianto.

MARISA: Perchè? Ho detto solo che volevo per loro la stessa felicità che noi godiamo.

BEPPE: Ecco perchè. Sono romantico, lo sai.

MARISA: Tutta la famiglia del babbo di Graziana è venuta. Sapevo che il padre era romano; ma che lui aveva cinque fratelli? Non lo sapevo. In chiesa tutti piangevano.

BEPPE: Hai parlato con Jake e Beatrice?

MARISA: No, parlerò loro stasera. La prossima settimana loro andranno a Sant'Angelo in Vado e ho un amico che lavora all'Istituto Nazionale della Ricerca sul Tartufo.— Sai, a volte mi chiedo che tipo di ragazzi sposeranno le nostre figlie.

BEPPE: Le nostre figlie non si sposeranno. Non lo permetterò. Non usciranno, mai, con un ragazzo.

MARISA: Davvero? Sei sentimentale ed autoritario. Quindi vivranno con noi per sempre?

BEPPE: Eh...

MARISA: I fratelli del padre di Graziana erano interessanti. Come si chiamano, ricordi?

BEPPE: Non sono sicuro. Ma quello con la cravatta blu che è molto simpatico è Guido, no? E quello che è un po' grasso si chiama Roberto.

MARISA: Poi, c'è quello con gli occhi verdi, molto bello… si chiama Fausto. Non ricordo i nomi degli altri.

BEPPE: La madre di Graziana è bellissima, molto elegante.

MARISA: Come la figlia.

BEPPE: Che bella cosa, la famiglia!

 **TRACK 16**

BEATRICE: Non vedo l'ora di arrivare a Sant'Angelo in Vado. Marisa mi ha dato il nome del direttore dell'Istituto Nazionale per la ricerca sul tartufo. Spero che potremo visitare l'Istituto.

JAKE: E comprerai dei tartufi?

BEATRICE: Magari! Sono il cibo più caro del mondo!

JAKE: Qualche anno fa, c'è stato uno scandalo riguardo ai tartufi. Alcuni cani (i cani che trovano i tartufi) sono state avvelenate.

BEATRICE: No! Quei cani sono un vero investimento. C'è anche una scuola per loro, al nord, credo.

JAKE: A Sant'Angelo in Vado c'è una statua, vicino all'Istituto, di un cane-cacciatore. E c'è una placca che dice: «All'inseparabile compagno della caccia».

BEATRICE: Leggevi di nuovo la guida?

JAKE: No, Graziana me l'ha detto questo.

BEATRICE: Ci sono moltissime e variate sagre o festival in Italia: c'è una sagra della patata che ricorda questo prodotto indispensabile durante la seconda guerra mondiale; c'è una sagra della bruschetta, dopo la raccolta delle olive; c'è una sagra dell'asparago verde e una del pesce (no—ci sono molte sagre del pesce in varie regioni d'Italia). Le sagre contribuiscono a un senso di identità. Ci sono sagre che festeggiano posti speciali e quelle storiche. Puoi mangiare bene ed imparare allo stesso momento se frequenti le sagre.

JAKE: Sei contenta quando mangi bene.

BEATRICE: Certo. È normale, no?

JAKE: Dobbiamo ricordare i festival che non festeggiano le tradizioni culinarie. Ad esempio, c'è il festival di due monde, quello della musica, a Spoleto. C'è il festival a Pesaro, quella città sull'Adriatico che festeggia la musica di Rossini e un altro a Torre del Lago che celebra la musica di Puccini.

BEATRICE: Sai, il mio festival preferito e quello del grillo a Firenze, quello che festeggia la primavera.

JAKE: Ce ne sono tantissime. Come facciamo una scelta?

BEATRICE: Be', dato che si festeggiano tutto l'anno e in tutte le parti del paese, dovremo passare più tempo qui.

 TRACK 17

MARISA: Che bella serata! Abbiamo molto da festeggiare quest'anno, no?

PAOLO: Sì, è stato un anno incredibile, con le nozze, un nuovo libro per Beppe e un cambio de lavoro per te, Marisa.

GRAZIANA: L'anno prossimo sarà interessante con tutti questi cambiamenti. Beppe, quando è uscito il tuo libro? È una biografia, vero?

BEPPE: È appena uscito. È una biografia dell'ultima amante di Lord Byron. Era una giovane donna, italiana. Dopo la morte di lui, è vissuta altri cinquanta anni. Viveva vicino a Firenze. È una storia davvero romantica.

PAOLO: Complimenti! Marisa, quando comincerai il nuovo lavoro?

MARISA: Fra tre settimane.

GRAZIANA: Avete sentito che torneranno Jake e Beatrice? Lui prenderà un anno sabbatico e lei lavorerà col babbo di Paolo nel ristorante.

MARISA: Che bello! Sarà un piacere conoscerli meglio. Ascoltate! Sentite i fuochi artificiali?

PAOLO: Se guardate verso San Miniato, vedrete tutto. «Firenze, stanotte sei bella inu un manto di stelle». Ricordate quella vecchia canzone? Poi stasera Firenze è bella in un manto di fuochi artificiali.

GRAZIANA: Buon Anno!

TUTTI: Buon Anno!

TRACK 18

1. Quanti fratelli ha?
2. Tu sei sentimentale!
3. Andremo da Paolo l'anno prossimo.
4. I tartufi sono molto cari.
5. Hai visitato quell'Istituto?
6. Lui ha fatto quelle foto.
7. Lei è una donna elegante.
8. Siamo andati a una sagra di pesce a Camogli.
9. Quando è uscito il libro?
10. Buon Anno!

TRACK 19

JAKE: Allora, siamo arrivati il 20 e la nostra amica si è sposata il 22. Le nozze sono state bellissime. Abbiamo conosciuto la sua famiglia e molti suoi amici. Abbiamo passato il primo giorno con lei e abbiamo visitato una tomba etrusca e il museo archeologico.

BEATRICE: Abbiamo passato il nostro ultimo giorno a visitare una città etrusca.

RICCARDO: Quale?

BEATRICE: Ce n'è soltanto una, Marzabotto. E' davvero affascinante. Gli Etruschi erano così avanti. Al museo abbiamo visto tegole (esattamente come le nostre), un colabrodo, degli specchi, spilli di sicurezza e dadi... C'era anche uno scheletro.

JAKE: Inoltre c'erano vasi e statue bellissimi. Abbiamo comprato un paio di riproduzioni al negozietto del museo.

RICCARDO: Non è a Marzabotto che c'è stata una rappresaglia tremenda—moltissime persone ammazzate—durante la seconda guerra mondiale?

JAKE: Sì, quasi 1.900; e abbiamo visitato il cimitero.

RICCARDO: Che altro avete fatto? Dove altro siete andati?

JAKE: Tu conosci Beatrice. Abbiamo mangiato molto cibo delizioso.

BEATRICE: Sono tornata con delle buone idee per il ristorante. Il problema sarà trovare gli ingredienti.

JAKE: Siamo anche andati a una sagra del tartufo. Per andarci abbiamo noleggiato una macchina e abbiamo seguito la strada di Piero della Francesca. Che pittore eccezionale!

BEATRICE: Era prima di tutto un matematico. È per questo che i suoi quadri sono così moderni, credo, anche se è vissuto durante il 1400. Sapete che è morto il 12 (dodici) ottobre del 1492? Che coincidenza, eh?

JAKE: Abbiamo anche visto una rappresentazione di «La Bohème».

BEATRICE: Con un tenore molto bravo, che—guarda caso—era il cugino del cameriere che ci ha servito al ristorante quella sera.

RICCARDO: Il mondo è proprio piccolo.

JAKE: Poi siamo andati a Gubbio, una bella città medioevale.

RICCARDO: È dove ci sono le tavole eugubine.

BEATRICE: Sì, nel Museo Civico.

JAKE: Mi è piaciuta tanto Gubbio. Volevo comprarci una casa.

BEATRICE: Perchè non l'hai fatto? Io avrei detto di sì—senz'altro.

RICCARDO: Come ti invidio!

TRACK 20

1. Dove sono andati Jake e Beatrice?   *Sono andati in Italia.*

2. Cosa pensano degli etruschi?   *Pensano che erano molto sofisticati.*

3. Hanno visto degli amici?   *Sì, hanno visitato vari amici.*

4. Jake ha comprato una casa a Gubbio?   *No, Jake non ha comprato una casa a Gubbio (ma voleva comprarne una).*

5. Cosa è successo a Marzabotto?   *A Marzabotto c'è stata una rappresaglia brutta.*

6. Quando?   *Durante la seconda guerra mondiale.*

7. Com'è Riccardo, secondo te?   *Secondo me, Riccardo è simpatico (e un po' geloso).*

8. Hanno noleggiato una macchina?   *Sì, hanno noleggiato una macchina.*

9. Sono andati a Roma Jake e Beatrice?   *No, non sono andati a Roma.*

10. Jake e Beatrice hanno conosciuto altri americani?   *No, non hanno conosciuto altri americani.*

TRACK 21

1. Il colosseo
2. Carnevale
3. la Torre Pendente
4. limoncello
5. Venezia
6. una villa palladiana
7. la sagra del tartufo
8. il mare
9. un bagno
10. i fuochi artificiali
11. il gelato
12. il Duomo
13. la tomba di Michelangelo
14. un museo scientifico
15. Firenze
16. la casa di Galileo
17. un'opera lirica
18. un'edicola
19. un secondo piatto
20. un giardino botanico

TRACK 22

1. Mi chiamo Davide e sono americano. Mi chiamo Elisabetta e sono americana.
2. Posso vedere il castello. Lo vedi?
3. Gli compro la casa.
4. In Italia, li visiterò.
5. Mi piace viaggiare. Nuove città? Adoro vederle.
6. Vengono alla festa?
7. Non li invito.
8. Gli mando cartoline da tutte le città che visito.
9. Arrivederci, signore.
10. C'è tanto da vedere. Vorrei vederlo tutto!

TRACK 23

BEATRICE: Passeremo sei mesi in Italia e resteremo a Firenze per almeno quattro mesi. Come troviamo un appartamento?

JAKE: Ci sono tanti siti su Internet che offrono appartamenti. Li affittano per una settimana, per un mese, per un anno. Ne troveremo uno. Per di più, Graziana ci aiuterà.

BEATRICE: Avremo bisogno di una macchina?

JAKE: No, non credo. I mezzi pubblici basteranno. Se troviamo un appartamento in centro o vicino al centro possiamo andare a piedi—tu al ristorante ed io alla biblioteca.

BEATRICE: In ogni caso è impossibile trovare parcheggio.

JAKE: Non abbiamo bisogno di una casa col telefono perchè abbiamo i telefonini.

BEATRICE: È vero. Senti, se arriviamo in agosto, andiamo direttamente a Firenze o andiamo al mare per trovare gli amici? Graziana ha una casa vicino a Viareggio e c'e posto per noi.

JAKE: Dobbiamo prima fermarci a Firenze, così possiamo lasciare lì tutto il bagaglio e poi passare alcuni giorni con Graziana e Paolo.

BEATRICE: Allora, secondo me dobbiamo portare poco. In fondo, avremo un appartamento con tutto il necessario—mobili, cucina, bagno, lavatrice, televisore...

JAKE: Io avrò bisogno del computer.

BEATRICE: Ed io avrò bisogno di un po' di coltelli.

JAKE: Coltelli?

BEATRICE: Sì, amore, ogni chef usa solo i suoi coltelli. Sono molto personali.

JAKE: La dogana sarà un'esperienza interessante...

ANSWER KEY

CHAPTER 1

Dialogue Review 1-1

1. Buon giorno!   2. Ciao!   3. Salve!   4. Come va?   5. Come stai?   6. Bene.
7. Ciao!   8. Bene.   9. Buon giorno! Salve! Ciao!

Oral Practice 1-1

1. Vorrei mangiare.   2. Preferisco andare al museo.   3. Sì, so parlare italiano.   4. Sì, mi piacerebbe.   5. No, non posso venire con voi.   6. Sì, devo lavorare oggi.   7. No, non sto per dormire. Sto per leggere.

Oral Practice 1-2

1. le lasagne   2. adagio   3. bravo   4. la villa   5. il ghetto   6. il concerto
7. l'editore   8. il prosciutto   9. con brio   10. l'opera   11. gli gnocchi
12. il motto   13. lo scherzo   14. piano   15. il fiasco

Oral Practice 1-3

1. Sylvester Stallone   2. Antonin Scalia   3. Liza Minelli   4. Madonna
5. Mario Cuomo, Fiorello LaGuardia   6. Mario Puzo   7. Joe DiMaggio
8. Amerigo Vespucci   9. Amedeo Giannini   10. Maria Montessori
11. Nancy Pelosi   12. Rocky Marciano   13. Enrico Caruso   14. Enrico Fermi

Oral Practice 1-4

Le belle arti: chiaroscuro, Rinascimento, affreschi, mansarda, loggia, terrazza, piazza, cantina, medioevo, impasto, Ghirlandaio

La lirica, musica: concerto, Rossini, Verdi, allegro, fortissimo, Puccini, piano

Cibo: ricotta, tagliatelle, gnocchi, lasagne, pizza, zucchino

La vita quotidiana: idraulico, bagno, Mirella, fanciulla, casa, affitto

Oral Practice 1-5

1. Andiamo da Franco per un caffè?   2. Lui lavora troppo!   3. Ho un appuntamento alle 9,30.   4. Non posso.   5. Mi fate compagnia?   6. Non posso? 7. Offro io.   8. Conosci il nuovo professore?

Oral Practice 1-6

1. sarcasmo   2. entusiasmo   3. fermezza   4. indifferenza   5. dubbio 6. irritazione   7. tristezza   8. sorpresa   9. paura   10. contentezza

Dialogue Review 1-2

1. vero   2. falso   3. falso   4. falso   5. vero   6. falso

Daily Journal: Directed Writing

The following are sample answers only: Oggi è lunedì, il 2 (due) settembre. Fa brutto tempo. Oggi vorrei dormire.

QUIZ

1. b   2. c   3. c   4. a   5. b   6. b   7. c   8. c   9. a   10. c

CHAPTER 2

Dialogue Review 2-1

1. vero   2. falso   3. falso   4. falso   5. falso   6. vero

Written Practice 2-1

1. Buona sera, Buon giorno.   2. Ciao! Salve!   3. Ciao! Arrivederci!
4. Buon giorno.   5. Buon giorno.   6. Ciao! Salve!   7. Ciao! Salve!
8. Buona notte.   9. Buona notte. A domani.   10. Buona notte.

Dialogue Review 2-2

1. Si chiama Lorenzo Bicci.   2. Paolo vuole confermare la cena.
3. Lungarno Archibusieri, 8.   4. No, Graziana non è vegetariana.
5. Paolo abita vicino al Ponte Vecchio.

Written Practice 2-2

Possible answers include: allergie, confermare, disturbo, perfetto, telefono, vegetariana

Written Practice 2-3

1. siete, siamo   2. è   3. è   4. sono   5. sono, sono   6. sono, sono
7. sono, sono   8. siete *or* sono   9. sono   10. sono

Written Practice 2-4

1. C'è   2. C'è   3. c'è   4. Ci sono   5. cioè   6. cioè

Dialogue Review 2-3

1. falso   2. falso   3. falso   4. vero   5. vero

Written Practice 2-5

Possible answers include: americana, autore, biografie, famoso, giornalista, pediatrica, professoressa, Roma, specializzazione, università

Oral Practice 2-4

1. caffè, coffee or café   2. piazza, piazza   3. l'ufficio, office   4. arrivederci, arrivederci   5. Ciao! Ciao!   6. poeta, poet   7. studio, studio   8. bravo, bravo
9. le lasagne, lasagna   10. l'editore, editor   11. telefono, telephone
12. terrazza, terrace   13. concerto, concerto or concert   14. musica, music
15. turisti, tourists   16. professore, professor   17. espresso, espresso
18. museo, museum   19. medico, medic   20. biografie, biographies

Oral Practice 2-5

1. Sono di Chicago.   2. Sono giornalista.   3. Mi chiamo Anna.
4. Sono (Non sono) studente (studentessa).   5. Sì, sono a casa.

Oral Practice 2-6

1. Paolo, Marisa, Beppe e Graziana vanno a teatro.   2. Il teatro è in Via Verdi.   3. Il medico si chiama Paolo.   4. Beppe lavora a casa.   5. C'è una rappresentazione di «La Bohème».   6. Giacomo Puccini è il compositore di «La Bohème»   7. Vanna a teatro sabato sera.   8. Loro sono di Firenze.

Written Practice 2-6

1. Come ti chiami?   2. Di dove sei?   3. Vorresti andare al cinema?
4. Cosa fai?   5. Preferisci mangiare o prendere un caffè?   6. Come stai?
7. Devi lavorare?   8. Puoi cucinare? Sai cucinare?   9. Vorresti visitare Roma?
10. Hai voglia di visitare Firenze?   11. È bravo Giovanni Fattori?
12. Perchè vorresti visitare Firenze?   13. Che c'è là?   14. Dov'è il teatro?
15. Chi è Annigoni?

Dialogue Review 2-4

1. Il pittore che Marisa preferisce è Annigoni.   2. Si chiama Giovanni Fattori.
3. Fra due settimane vanno a teatro.   4. Vanno con Graziana e Paolo.
5. Paolo è bruno.   6. Graziana è bionda.

Written Practice 2-7

1. Il presidente degli Stati Uniti è alto, nero, intelligente, politico.   2. Graziana è brava, bionda, magra, con gli occhi verdi.   3. Paolo è alto, bruno, bello, intelligente.   4. Il padre di Graziana è vecchio, simpatico, romano, basso.
5. Un gatto è bello, basso, grande, magro.   6. La mia casa è grande, bianca e verde, nuova.

Oral Practice 2-7

1. Barack Obama   2. Pinocchio   3. La pasta

QUIZ

1. c   2. b   3. b   4. c   5. a   6. b   7. a   8. c   9. b   10. bello / brutto,
buono / cattivo, giovane / vecchio, grasso / magro, bianco / nero

CHAPTER 3

Dialogue Review 3-1

1. f   2. f   3. f   4. v   5. f   6. v

Written Practice 3-1

1. ho   2. ha   3. hanno   4. ha   5. abbiamo   6. hai   7. ho, ho   8. hanno
9. avete   10. hai

Dialogue Review 3-2

1. Beppe va in centro.   2. Sì, ha il biglietto.   3. Va alla banca per ritirare dei
soldi.   4. Paga le bollette con contanti.   5. Porta i vestiti di Marisa all'ufficio
postale.   6. Prende il bus.   7. Va alla banca.   8. Va alla tintoria.
9. Va all'ufficio postale.   10. Torna a casa.

Oral Practice 3-2

1. Buon giorno.   2. cambiare   3. Ha   4. passaporto   5. è   6. Chicago
7. da   8. Mi dica   9. c'è   10. Arrivederci

Dialogue Review 3-3

Cognates include: appuntamento, energia, mamma, momento, necessari, ordinare,
patate, sorpresa, spinaci, torta.   1. v   2. f   3. v   4. f   5. f   6. v

Written Practice 3-2

1. Mi piace   2. Mi piace   3. Mi piace   4. Mi piacciono   5. Mi piacciono
6. Mi piace   7. Mi piacciono   8. Mi piace   9. Mi piace   10. Mi piacciono

QUIZ

1. c   2. c   3. b   4. a   5. a   6. c   7. b   8. a   9. b   10. grande, no, scomodo,
vecchio, sinistra, sfortunato

CHAPTER 4

Dialogue Review 4-1

1. v   2. v   3. v   4. f   5. f

Oral Practice 4-2

1. Venezia   2. La «Divina Commedia» (*The Divine Comedy*)   3. Paolo
4. Madonna

Written Practice 4-2

Answers will vary. Possible responses include: 1. No, non ho paura dei cani
grossi.   2. Ho 30 anni.   3. Sì, è vero. Lui ha ragione.   4. Sì, ho sete.
5. No, non ho bisogno di niente.   6. Sì, dopo cena, ho sonno.
7. Quando ho fame, preferisco mangiare la pasta.   8. In estate, ho caldo.
9. Sì, la mattina ho sempre fretta.   10. Sì, ho voglia di andare in Italia.

Dialogue Review 4-2

Possible responses include: Francesca: 1. Ha fame e sete.   2. Ha bisogno di una
felpa.   3. Va al parco.   Paola: 1. Ha sonno.   2. Non ha voglia di andare a
scuola.   3. Ha paura dei cani grosi.

Written Practice 4-3

Possible responses include: Francesca è: 1. bionda   2. alta   3. magra.   Paola è:
1. bruna   2. con gli occhi verdi   3. bassa.

Written Practice 4-4

1. Come ti chiami?   2. Quanti anni hai?   3. Hai paura degli animali?
4. Di dove sei?   5. Hai fame?   6. Hai sonno?   7. Ti piace mangiare?
8. Hai freddo o caldo?   9. Sai cucinare?   10. Qual è il tuo numero di telefono?
11. Hai sempre fretta?   12. Ti piacciono i film?   13. Hai un cane o un gatto?
14. Ti piace Roma?   15. Preferisci Roma, Firenze, Venezia o Milano?
16. Ti piace l'opera lirica?   17. Hai una famiglia grande o piccola?   18. Ti piace
il caffè italiano?   19. Che tipo di libro preferisci?   20. Andiamo al parco?

Dialogue Review 4-3

1. Francesca è più vecchia.   2. Paola ha voglia di trovare un gatto.
3. Paola ha fame da lupo.   4. Francesca crede di essere più intelligente.
5. Paola è meno furba.   6. Paola ha molti giocattoli e pochi libri.

QUIZ

1. c   2. b   3. b   4. c   5. b   6. a   7. a   8. c   9. c   10. c

CHAPTER 5

Dialogue Review 5-1

1. Le ragazze sono dai nonni.   2. Dopo cena, gli amici fanno due passi.
3. Graziana ha una nuova macchina fotografica.   4. Mangiano tagliatelle al
limone.   5. Sì, ci sono due dolci, salame al cioccolato e cantucci con il vin santo.

Written Practice 5-1

1. fa bel tempo   2. fa bene   3. fare due passi   4. fare delle foto
5. Fanno visita   6. fare qualcosa   Answers to 7–11 will vary.

Written Practice 5-2

1. to make a phone call   2. to buy a ticket   3. to visit   4. to do a favor
5. to eat breakfast   6. to cut a good figure, to give a good impression   7. to cut
a bad figure, to come off badly   8. to be good for you   9. to be bad for you
10. One does not do that.

Dialogue Review 5-2

1. Fanno cena in un ristorante.   2. Da bere, prendono l'acqua naturale e il
Prosecco.   3. Sì, tutti mangiano un primo.   4. Festeggiano le nozze di Graziana
e Paolo.   5. Si sposano in ottobre.

Oral Practice 5-1

1. v   2. f   3. v   4. f   5. f   6. f   7. f   8. v

Written Practice 5-3

1. Fa bel tempo.   2. Lui fa cena in giardino.   3. Loro fanno sempre due passi dopo cena.   4. Lei fa delle foto.   5. Facciamo una visita la famiglia ogni domenica (*or* la domenica).   6. Luisa fa una telefonata.   7. Faccio i biglietti. 8. Fa male.   9. Mi fai un favore?   10. Non si fa!

Dialogue Review 5-3

1. Gli amici americani si chiamano Jake e Beatrice.   2. Arrivano il 20 otto-bre.   3. Lui è professore d'italiano.   4. Lei è il capocuoco in un ristorante ital-iano.   5. Ci sono sagre a Sant'Angelo in Vado e nel Casentino.   6. Producono olive e olio e vino.

Written Practice 5-4

Cognates include: arrivano, bistecca, centrale, chef, difficile, etruschi, evidente-mente, italiana, italiano, italo-americano, mercato, olive, origine, ottobre, profes-sore, ristorante, usare, visitare.

QUIZ

1. prenotare   2. stasera   3. dispiace   4. bene   5. Roma   6. c   7. b   8. b 9. a   10. c

PART ONE TEST

1. a   2. a   3. b   4. a   5. b   6. b   7. b   8. b   9. b   10. a   11. a   12. b 13. a   14. b   15. a   16. a   17. a   18. a   19. b   20. b   21. b   22. b 23. b   24. a   25. b

CHAPTER 6

Dialogue Review 6-1

1. Jake e Beatrice arrivano a Firenze.   2. Jake e Beatrice arrivano il 20 ottobre. 3. L'albergo dove restano è piccolo e bello.   4. A Marzabotto ci sono una città etrusca con un museo e un cimitero partigiano.   5. Sì. La scadenza è giugno 2012. 6. "Tutto compreso" significa che le tasse e la prima colazione sono incluse.

Dialogue Review 6-2

Cognates include: bravo, farmacia, frutta, liste, passaporti, repellente, selezione, specialmente, treni.

Written Practice 6-2

1. C, K, L   2. I, L   3. H, I, M   4. B, N   5. A, K   6. J   7. I, L, M
8. A, J   9. G   10. A, J, L   11. B, N   12. A, J   13. J   14. I, M   15. B
16. D   17. A, J   18. L   19. H, I, M   20. E, F

Dialogue Review 6-3

1. Sì, le piace mangiare.   2. Vanno a Arezzo, Gubbio, Sant'Angelo in Vado,
Urbino, Monterchi, Marzabotto.   3. Visitano gli affreschi di Piero della Francesca.
4. Vanno in treno.   5. Vanno agli Uffizi.

Written Practice 6-3

The following are sample answers only, since your schedule is unique to you:
1. a mezzogiorno   2. alle tredici   3. alle nove   4. alle nove   5. alle venti
6. alle dieci   7. alle otto   8. alle quindici

Oral Practice 6-2

1. Jake e Beatrice arrivano in Italia il 20 ottobre.   2. Vanno a Firenze, Arezzo e
vari piccoli posti.   3. Vanno per le nozze di Graziana e Paolo.   4. Restano in un
albergo in centro.   5. Vogliono provare la cucina locale.   6. Portano due valigie
piccole.

Written Practice 6-4

Answers will vary according to your preferences.

QUIZ

1. a   2. a   3. c   4. b   5. b   6. c   7. b   8. a   9. c   10. arrivare, venire, aprire,
ricordare, avere ragione, freddo

CHAPTER 7

Dialogue Review 7-1

1. Pavarotti era unico. 2. Vogliono andare a «La Bohème». 3. Sì, i biglietti sono un po'cari. 4. Beatrice vorrebbe vedere «Sei personaggi in cerca d'autore». 5. Sì, mi piace. (No, non mi piace.)

Written Practice 7-1

Answers will vary according to your personal information. Here is the letter in translation:

Dear Sir,
I would like to order the following tickets for the performance of La Bohème. *I am including an international bank draft in the amount of _____ euros. Would you be so kind as to send the tickets to _____ . (Would you be so kind as to hold the tickets at the ticket office; I will collect them at the theater before the performance.)*
Sincerely,

Written Practice 7-2

1. Pavarotti was unique. 2. The tickets always cost a lot. 3. I didn't like opera when I was young. 4. He was rich and sad. 5. Emilio used to eat badly. 6. Faceva freddo. 7. Lui scriveva poesia. 8. Noi avevamo sempre fame. 9. Il lunedì, mangiavamo in giardino. 10. Lei era ricca e felice. 11. Lei ascoltava l'opera. 12. Mentre io leggevo... 13. ... i bambini cercavano il gatto. 14. Il sabato, andavamo al parco. 15. Loro studiavano l'italiano.

Dialogue Review 7-2

Cognates include: caratteri, caratteristica, costumi, drammi, immortali, interessanti, mi, origini, produzione, rappresentavano, raramente, tenore, Shakespeare, splendidi, stereotipati, tipi, umana, usava.

Dialogue Review 7-3

1. Jake e Beatrice hanno mangiato antipasti; poi Jake non ha mangiato un primo; poi tutt'e due hanno mangiato un secondo.   2. Sì, gli è piaciuta l'opera.
3. Secondo Jake, Mimì aveva una voce debole.   4. Sì, il tenore ha cantato bene.
5. Il cameriere era contento perchè il tenore, suo cugino, ha cantato bene.

Written Practice 7-4

1. Yesterday the girls went to school.   2. I bought the tickets.   3. He dined with friends.   4. We spoke with Franco yesterday.   5. The women arrived at 8:00.
6. Lui ha capito?   7. Siamo andati a «La Bohème».   8. Faceva bel tempo ieri.
9. Il ragazzo aveva dieci anni.   10. Non era contento (contenta).   11. Quando lui ha cantato, lei ha pianto.   12. Sono partiti lunedì.   13. Mario, hai mangiato i biscotti?   14. Siamo stati a casa.   15. Ragazzi, dove siete andati?

QUIZ

1. Sì, i biglietti erano un po'cari.   2. Dava un dramma.   3. Shakespeare usava personaggi dalla commedia dell'arte nelle sue opere.   4. Hanno mangiato in un ristorante che era aperto tardi.   5. Il cameriere ha detto che il tenore era un suo cugino.   Answers to questions 6–10 will vary, depending on your own experiences. Sample answers include: 6. Sì, ho visto «La Bohème» molte volte.   7. Da bambino non studiavo volentieri.   8. Sì, sono andata in Italia.   9. Vorrei visitare Roma, Firenze e Venezia.   10. Quando sono andata a scuola avevo cinque anni.

CHAPTER 8

Dialogue Review 8-1

1. Dal fruttivendolo si trovano mazzi di erbe aromatiche.   2. Si usa il basilico per togliere l'odore dalle mani.   3. Sì, Jake e Beatrice hanno già visitato le ville medicee.   4. La statua dell'Appenino si trova al Parco Demidoff.   5. Hanno deciso di andare al Giardino di Boboli.

Written Practice 8-1

1. Normally I wake up at 5:00.   2. At what time do you get up?   3. I brush (wash) my teeth.   4. He (she) combs his (her) hair.   5. He puts on a tie.   6. We have a very good time with them.   7. You go to bed early.   8. The children wash their hands before eating.

Written Practice 8-2

1. Al Giardino di Boboli ci sono molte cose da vedere—la grotta, i giardini segreti, i cipressi.   2. Sì, ho visto un giardino formale. (No, non ho mai visto un giardino formale.)   3. Sì, mi piace lavorare in giardino. (No, non mi piace.) 4. Sì, ci sono giardini formali negli Stati Uniti.   5. Sì, si usa basilico molto nella cucina italiana. 6. In chiesa, non si parla—ma dipende dalla chiesa.   Answers to questions 7–10 will vary. Sample answers follow: 7. Ieri sono andata in centro. 8. Ero una bambina molto felice.   9. Mi alzo alle cinque.   10. Mi piace fare un picnic quando fa bel tempo.

Dialogue Review 8-2

1. Graziana voleva scappare per vedere gli amici.   2. Gli amici sono andati a una tomba etrusca e al museo archeologico.   3. Il padre di un'amica di Graziana ha scoperto la tomba.   4. Sì, evidentemente erano viaggiatori.   5. La chimera è una statua etrusca.   6. Sì, ho sofferto dalla sindrome di Stendhal. (No, non ho mai sofferto dalla sindrome di Stendhal.)

Oral Practice 8-1

1. Tre erbe aromatiche sono rosmarino, timo, basilico.   2. Sì, ci sono moltissime ville storiche in Italia.   3. Jake e Beatrice sono andati al Giardino di Boboli. 4. Lui è architetto.   5. Gli Etruschi hanno imitato altre culture, specialmente quelle del Medio Oriente.   6. La chimera non era gentile e dolce.   7. Sì, ho visitato varie tombe etrusche. (No, non ho mai visitato una tomba etrusca.) 8. Si trovano erbe aromatiche dal fruttivendolo.

Dialogue Review 8-3

1. f   2. v   3. v   4. f   5. v

Written Practice 8-3

Answers will vary. Look at Appendix A: Resources.

QUIZ

1. Durante le vacanze, Jake e Beatrice sono andati in Italia.   2. No, non hanno visitato Roma.   3. Graziana e Paolo si sposano in ottobre.   4. Marzabotto è famoso per le rovine etrusche e per il cimitero.   5. Si soffre dalla sindrome di Stendhal dopo aver visto troppe cose belle.   6. Sì, ho visitato Marzabotto. (No, non ho mai visitato Marzabotto.)   7. Il Palazzo Strozzi è scuro, forte, basso e elegante.   8. Si usa il basilico per togliere l'odore dalle mani.   9. Beatrice lavorava al Palazzo Strozzi.   10. Dal Duomo si gira a destra e si segue via de' Martelli fino alla piazza San Lorenzo. Poi si gira a sinistra e si passa per il Mercato di San Lorenzo. Poi si va sempre dritto per arrivare al Mercato Centrale.

CHAPTER 9

Dialogue Review 9-1

1. Beppe e Marisa sono alle nozze di Graziana e Paolo.   2. Il padre di Graziana viene da Roma.   3. Beppe dice che Francesca e Paola non si sposeranno mai.
4. Jake e Beatrice andranno a Sant'Angelo in Vado.   5. I fratelli del padre di Graziana sono sentimentali (tutti piangevano durante la ceremonia) e romani; uno è simpatico; un altro è bello; uno è un po' grasso.   6. La madre di Graziana è elegante e bella.

Written Practice 9-1

1. il nonno   2. la zia   3. lo zio   4. i nonni   5. i cugini   6. la madre o la zia
7. la madre   8. la zia

Written Practice 9-2

1. andranno   2. vivranno   3. finiranno   4. comprerò   5. studierà   6. sarà

Dialogue Review 9-2

1. Jake e Beatrice passeranno il giorno a Sant'Angelo in Vado.   2. Il cane da tartufo è l'inseparabile compagno della caccia.   3. Sì, ho mangiato molti tartufi.

(No, non ho mai mangiato i tartufi.)   4. Ci sono moltissime sagre in Italia.
5. No, tutte le sagre non sono culinarie.   6. C'e un festival famoso a Spoleto.

Dialogue Review 9-3

1. È il trentuno (31) dicembre.   2. Gli amici sono da Paolo.   3. Beppe ha scritto
una biografia dell'ultima amante di Lord Byron.   4. Marisa cambierà lavoro.
5. Negli Stati Uniti si usano fuochi artificiali per festeggiare il 4 luglio, giorno
dell'indipendenza.

Written Practice 9-3

1. Quanti fratelli ha?   2. Tu sei sentimentale!   3. Andremo da Paolo l'anno prossimo.   4. I tartufi sono molto cari.   5. Hai visitato quell'Istituto?   6. Lui ha fatto
quelle foto.   7. Lei è una donna elegante. Quella, che parla con Beppe.   8. Siamo
andati a una sagra di pesce a Camogli.   9. Quando è uscito il libro?   10. Buon
Anno!

QUIZ

1. c   2. b   3. b   4. c   5. a   6. giovane, antipatico, cattivo, arrivare, cominciare

CHAPTER 10

Dialogue Review 10-1

1. v   2. f   3. f   4. v   5. v

Oral Practice 10-1

1. Sono andati in Italia.   2. Pensano che erano molto sofisticati.   3. Sì, hanno
visitato vari amici.   4. No, Jake non ha comprato una casa a Gubbio (ma voleva
comprarne una).   5. A Marzabotto c'è stata una rappresaglia brutta.   6. Durante
la seconda guerra mondiale.   7. Secondo me, Riccardo è simpatico (e un po'
geloso).   8. Sì, hanno noleggiato una macchina.   9. No, non sono andati a
Roma.   10. No, non hanno conosciuto altri americani.

Oral Practice 10-2

1. M   2. H   3. P   4. K   5. N   6. O   7. T   8. A   9. S   10. R   11. D
12. B   13. E   14. L   15. G   16. I   17. F   18. C   19. J   20. Q

Written Practice 10-1

1. Mi chiamo _____ e sono americano (americana).   2. Posso vedere il castello. Lo vedi?   3. Gli compro la casa.   4. In Italia, li visiterò.   5. Mi piace viaggiare. Nuove città? Adoro vederle.   6. Vengono alla festa?   7. Non li invito. 8. Gli mando cartoline da tutte le città che visito.   9. Arrivederci, signore. 10. C'è tanto da vedere. Vorrei vederlo tutto!

Dialogue Review 10-2

1. Which cities would you like to visit?   2. Is there an artist you admire? Where can you find examples of his work?   3. If you want to visit Roman ruins, where will you go?   4. How many suitcases will you carry?   5. Will you need a cell phone?   6. Will you rent a car or go by train?   7. Where will you stay? In a hotel, a rented apartment, with relatives, or with friends?   8. Will you go to the seaside?   9. Do you have a passport?   10. Do you know where to buy a bus ticket?

Written Practice 10-2

1. il 20 ottobre   2. Firenze   3. Arezzo   4. Venezia   5. singola   6. 40 Euro 7. rognoncini   8. tortelli di patate   9. Firenze   10. nove

Written Practice 10-3

1. Ci sono due camere da letto.   2. È un appartamento abbastanza grande. 3. L'appartamento è in centro città.   4. No, non c'è una sala da pranzo. 5. Sì, c'è posto auto.

QUIZ

1. f   2. f   3. v   4. v   5. f   6. f   7. f   8. v   9. f   10. v

PART TWO TEST

1. a	2. a	3. a	4. a	5. b	6. a	7. b	8. b	9. b	10. b
11. a	12. a	13. b	14. b	15. b	16. a	17. a	18. b	19. a	20. a
21. a	22. b	3. a	24. b	25. a					

FINAL EXAM

1. a	2. b	3. b	4. a	5. a	6. a	7. b	8. a	9. b	10. b
11. a	12. a	13. b	14. a	15. b	16. b	17. a	18. b	19. b	20. b
21. a	22. b	23. a	24. b	25. a	26. b	27. b	28. a	29. b	30. a
31. b	32. a	33. b	34. b	35. b	36. a	37. b	38. a	39. a	40. b
41. a	42. b	43. a	44. b	45. a	46. a	47. b	48. a	49. a	50. b
51. a	52. b	53. b	54. a	55. b	56. a	57. a	58. a	59. b	60. a
61. b	62. b	63. b	64. a	65. b	66. a	67. b	68. b	69. b	70. a
71. a	72. b	73. b	74. b	75. a	76. a	77. b	78. a	79. a	80. a
81. b	82. a	83. a	84. b	85. a	86. a	87. b	88. a	89. b	90. a
91. b	92. a	93. a	94. b	95. a	96. a	97. b	98. b	99. b	100. a

INDEX